JN007609

The United Nations Association's Test of English

公益財団法人
日本国際連合協会 編著

国連英検 過去問題集

2019/2020 年度実施

SANSHUSHA

はじめに
英語コミュニケーション能力の測定と国連英検

国連英検統括監修官　服部孝彦

国連英検は，英語コミュニケーション能力を測るためのテストです。ひとくちにコミュニケーション能力をテストするといっても，「コミュニケーション能力」という概念は複雑です。ここでは，コミュニケーション能力の理論的枠組みをできる限り明らかにし，コミュニケーション能力をより的確に測るためのテストとしての国連英検のあり方について論じます。

1960年代以降に言語研究に科学的な手法が求められるようになり，「コミュニケーション能力」という概念が生まれました。コミュニケーション能力の概念を最初に示したのはハイムズ（Hymes, 1972）ですが，それ以前に彼は，能力（competence）と運用（performance）の概念を提唱したチョムスキー（Chomsky, 1965）から大きな影響を受けたため，まずチョムスキーの言語理論から考察することにします。

チョムスキーは，従来の学習を習慣形成による刺激と反応の結合が発達したもの，すなわち練習と強化によって形成された習慣とみなす行動主義（behaviorism）の考え方に異論を唱えました。彼は「具体的状況における実際の言語使用」(the actual use of language in concrete situation）を運用（performance）とし，それを「話者―聴者の言語の知識」(the speaker-hearer's knowledge of his language) である能力 (competence) と区別しました。

ハイムズはチョムスキーの能力（competence）の概念を発展させ，コミュニケーション能力 (communicative competence) の概念を示しました。ハイムズは，文法的な意味に限定したチョムスキーの能力（competence）は不十分であるとし，能力を社会的文化的に拡張すると主張しました。ハイムズのコミュニケーション能力は次の4つに分類されます。

(1) Whether (and to what degree) something is formally possible;
(2) Whether (and to what degree) something is feasible in virtue of the means of implementation available;
(3) Whether (and to what degree) something is appropriate (adequate, happy, successful) in relation to a context in which it is used and evaluated;
(4) Whether (and to what degree) something is in fact done, actually performed, and what its doing entails.

ハイムズは，文法的に正しいのか，発話することが現実的に可能か，社会的に適切であるか，実際に遂行されているのか，といった４つの基準を示したわけです。前者２つが文法に関するもので，後者２つが発話としての容認性に関するものであるといえます。

ハイムズのコミュニケーション能力は，ウィドウソン（Widdowson, 1983），バックマン（Bachman, 1990），さらにはバックマンとパーマー（Bachman and Palmer, 1996）へと引き継がれました。「コミュニケーション能力」という用語は，communicative competence, communicative language ability, language ability と表記が変わり，定義も見直されました。コミュニケーション能力理論で最も新しいものは，バックマンの論理，およびバックマンとパーマーの理論です。バックマンとパーマー（Bachman and Palmer, 1996）の理論は，バックマン（Bachman, 1990）の理論を踏襲した改訂版で，テスティングのための理論という色彩を強めたものです。この２つの理論は現在，コミュニケーション理論の中で最も信頼のおけるものとして，言語教育で受け入れられています。

バックマンとパーマーは，コミュニケーション能力に language ability という用語を用いています。そして，その language ability の中にハイムズやカネールとスウェインなどが言う communicative competence の構成要素をすべて含んだ言語知識（language knowledge）という概念を設けました。バックマンとパーマーの言語知識は，組織的知識（organizational knowledge）と語用論的知識（pragmatic knowledge）に分けられます。組織的知識はさらに，文法的知識（grammatical knowledge）とテキスト的知識（textual knowledge）に分類されます。語用論的知識は，機能的知識

(functional knowledge) と社会言語学的知識 (sociolinguistic knowledge) に分類されます。バックマンとパーマーは，言語知識以外にトピック知識 (topical knowledge) や個人的特徴 (personal characteristics) なども language ability の中に含まれる要素としており，これらすべてを結びつける能力として方略的能力 (strategic competence) を挙げています。

バックマンとパーマーは次のように述べ，自分たちが提示したコミュニケーションのモデルはテスト開発のためのものである，としています。

> We would note that we conceive of this not as a working model of language processing, but rather as a conceptual basis for organizing our thinking about the test development process.

バックマンとパーマーは，心理的な意味での言語処理モデルではなく，テスト開発のための概念的な枠組みを設定したといえます。

バックマンとパーマーの language ability 理論の基礎になったのが，バックマン (Bachman, 1990) の communicative language ability 理論です。バックマンは，知識 (knowledge) ではなく能力 (competence) という用語を用いて，語用論的能力 (pragmatic competence) と組織的能力 (organizational competence) について，次のように述べています。

> Pragmatic competence includes the types of knowledge which, in addition to organization competence, are employed in the contexturalized performance and interpretation of socially appropriate illocutionary acts in discourse.

ここでバックマンは，語用論的能力／語用論的知識は，組織的能力／組織的知識の基盤の上にできあがるものであることを示しました。また，語用論的能力／語用論的知識は，テキストを構成しない一文単位でも発揮されるということを考えますと，組織的能力／組織的知識の中心は文法的能力／文法的知識であることがわかります。

以上のコミュニケーション能力理論に基づき，国連英検では以下のように出題されています。中学校，高等学校で学習する英語の範囲内で出題されるＣ級，Ｄ級，Ｅ級は，語用論的知識に先行して学習する必要のある組織的知識について問い，加えて組織的知識の基礎となる文法的知識を中心として出題しています。Ｂ級では，組織的知識の中の文法的知識に加え，英文エッセイをテーマに沿って“書く”問題も出題され，組織的知識の中のもう１つの力であるテキスト的知識も問われます。さらに，国連英検の特徴である国連に対する理解についての設問も出されます。特Ａ級とＡ級では，１次試験の筆記試験で文法的知識とテキスト的知識および国連に関する知識が問われ，１次試験合格者を対象に実施される２次試験の面接テストでは，これらに加えて語用論的知識である機能的知識と社会言語学的知識，言語力の要素を統合させる方略的能力，さらには国際事情についての知識も問われます。

以上のように，国連英検ではコミュニケーション能力の研究成果を踏まえ，コミュニケーション能力の基盤をなす力を下の級で測定し，上の級ではそれらの基盤的な力の測定に加え，語用論的な力とメタ認知方略に関する力も測定しています。特に最上級の特Ａ級では，良識ある国際人として持つべき国際常識や国際適応能力についてもテストされます。国連英検は，まさしく総合的英語コミュニケーション能力を測定する試験であるといえます。

参考文献

Bachman, L. F. (1990). *Fundamental considerations in language testing*. Oxford: Oxford University Press.

Bachman, L. F & Palmer, A. S. (1996). *Language testing in practice*. Oxford: Oxford University Press.

Canale, M. (1983). On some dimensions of language proficiency. In J. Oller (Ed.) *Issues in language testing research*. (pp. 333-387). Massachusetts: Newburry House.

Canale, M. & Swain, M. (1980). Theoretical bases of communicative approaches to second language teaching and testing. *Applied Linguistics, 1* (1), 1-47.

Chomsky, N. (1965). *Aspects of the theory of syntax*. Cambridge, M.A.: The MIT Press.

Hymes, D. (1972). On communicative competence. In J. Pride & J. Holmes (Eds.) *Sociolinguistics: Selected readings*. (pp. 269-293). Harmondsworth: Penguin.

Widdowson, H. G. (1983). *Learning purpose and language use*. Oxford: Oxford University Press.

国連英検過去問題集　B 級（2019–2020 実施）

目次

※本書は，実際の検定試験で使用された試験問題に基づいて編集されておりますが，一部修正されている場合があります。

国連英検とは

■「国連英検」（国際連合公用語英語検定試験）は，1981年に始まり，長い歴史を持つ英語検定試験です。試験は年に2回，全国主要都市で実施されます。特A級からE級まで全部で6つの級があり，中学生から社会人，シニアエイジまでの幅広い層を対象とし，受験資格は特になく，どなたでも受験できます。

試験を主催するのは，外務省の外郭団体としてスタートした公益財団法人日本国際連合協会です。日本国際連合協会は，国連のA級諮問民間団体である「国連協会世界連盟」（WFUNA）の有力メンバーで，国内外での国連普及活動を積極的に行っています。

国連英検も国連普及活動の一環として実施されており，国連の理念である「国際協力」「国際理解」をコンセプトに，「真に役立つグローバルコミュニケーション能力」の育成を目標としています。試験内容は国連の活動に沿って，世界平和，地球環境，世界政治，世界経済から，人権，食品，医療などの世界情勢，国際時事問題まで幅広く出題されるため，今まさに地球上で問われている問題を認識し，自分の考えや解決策を論理的に伝達する表現力が求められます。単なる語学力の判定にとどまらず，総合的な国際コミュニケーションスキルが問われます。

■ 国連英検は，資格として多角度にアピールできる検定試験です。多くの大学で推薦入試・編入試験の評価資格として認められ，B級以上の合格を単位認定している大学もあります。

特A級は，成績優秀者に外務大臣賞が授与されるほか，合格者には外務省国際機関人事センターが実施している「JPO派遣候補者選考試験」において加点が行われます。

このJPOは，国際公務員（国連職員・ユネスコ職員など）になるための登竜門と言えるもので，2年間の海外派遣を経て国際公務員試験に挑戦できる制度です。

A級は成績優秀者に国連協会会長賞が授与されます。

C級以上の合格者は，文部科学省より，高等学校卒業程度認定規則において，英語資格としてレベル認定されています。

また，国際協力機構（JICA）では，C級以上の合格者を，応募の際に必要となる語学力の評価基準をクリアしたものと認定しています。

なお，警視庁では警察官採用試験（1次試験）に「資格経歴等の評定」を導入していますが，国連英検C級以上の合格者については，1次試験の成績の一部として評価しています。

■ 国連英検は，コミュニケーションを重視した試験です。B級～E級で出題されるリスニング問題のウェイトは40%と高く，またB級以上は国際時事問題をテーマとした英作文（ウェイト20%）が設けられています。A級以上は2次試験で面接試験を実施し，ネイティブスピーカーと国際時事問題について討論を行います。さらに特A級については，ネイティブスピーカーに加え，元外務省大使など外交実務経験者や国際関係を研究する大学教授を面接官として，より深い議論を行います。

●2020年第1回の国連英検中止について
同回の検定試験は，新型コロナウイルス感染症拡大防止の観点から，中止されました。そのため，本書には2020年第1回の問題・解説は掲載されていません。

●国連英検受験（C級以上）のための指定テキストについて
現在は『新 わかりやすい国連の活動と世界』（三修社）が指定テキストになっていますが，2019年第1回までは『わかりやすい国連の活動と世界［改訂版］』（三修社）が指定テキストであったため，本書の問題・解説もそれに基づいて作成されています。

● B級のレベルと審査基準および問題の傾向と対策 ●

レベルと審査基準

問題の形式と内容が異なるため，他の英語検定試験との比較は困難ですが，国連英検B級は実用英語検定準1級とほぼ同じレベルといってよいでしょう。「英語を公用語とする国での日常生活に対処できる英語力」が目標です。英字新聞や雑誌の比較的やさしい記事，日常生活において遭遇する場面を扱った会話文，読みやすい随筆・短編小説などが理解できる読解力や現地での日常生活に対処できる程度の会話力が要求されます。

問題の傾向と対策

試験はまずリスニングテスト（40点）で始まり，マークシートによる客観テスト（40点），英作文（20点）が続きます。(2次試験はありません)。

リスニングテストのトピックには，短い対話や200～250語程度のスピーチや会話が用いられ，大問4題が出題されます。大意が楽に読み取れる程度の英文を多く読み，ラジオやテレビの英語講座や国連英検の過去問題集などで英語を聴き取る練習を数多く行うことが大切です。

客観テストでは5題の大問が出されます。国連に関する大問もありますので，指定テキストの『新 わかりやすい国連の活動と世界』*New Today's Guide to the United Nations*（三修社）を読んでおくことが課題になっています。各級の出題範囲は国連英検のホームページに掲載されています。

その他の大問トピックとしては国際問題や時事問題を中心に，読解力・表現力および文法や語彙の能力がテストされます。

英作文では，日常的な話題や時事問題をテーマにして，約80～100語程度の英文を作成できる知識・思考力・表現力が要求されます。

2019年
第1回試験
問題

B級試験問題用紙

外務省後援

２０１９年度第１回国際連合公用語

英語検定試験（120分）

受験上の注意

1．問題用紙は試験開始の合図があるまで開いてはいけません。その間に、この**受験上の注意を熟読しておいてください。**
2．**受験番号と氏名を２枚の解答用紙（マークシートと作文用紙）**に記入してください。
3．答案用紙の配布は１人１部のみです。複数の配布は致しません。
4．試験開始前は、答案への解答記入は禁止です。
5．マークシートの記入は、１～100までの記入箇所がありますが、この級では１～80までを使います。
6．マークシートの記入は、必ずＨＢ以上の濃い鉛筆を使って該当箇所を黒く塗りつぶしてください。書き間違いの場合は「アト」が残らないように消してください。マークシートは絶対に折ったり曲げたりしないでください。
7．受験級、受験地区、会場番号、受験番号のマークシートへの記入は監督者の指示に従い、間違いなく記入してください。**（裏表紙の「マークシート記入例」参照）**
8．作文は、⑴ 読みやすい文字をペン、ボールペンまたはＨＢ以上の濃い鉛筆で書いてください。⑵ 使用語数の80～100語を目安にしてください。
9．試験問題についての質問は、印刷が不鮮明な場合を除き、一切受けつけません。
10．中途退室の際は、マークシートと作文用紙を持って監督者に渡し、他の受験者の迷惑にならないように静かに退室してください。中途退室後の再入室はできません。
11．試験中は他の受験者の妨げとなる行動は慎んでください。また携帯電話等の電源はお切りください。
12．マークシートと作文用紙は監督者に提出し、問題用紙はご自由にお持ち帰りください。

＊試験問題の複製や転載、インターネットへのアップロード等、いかなる媒体への転用を禁止します。

リスニングテストについて

1．リスニングテストは試験開始後、合図があってから実施されます。（40問あります）
2．リスニングテストが始まる前にリスニング問題の指示と内容を読んで、どういう形式のテストなのか、概要をつかんでおいてください。
3．テスト中の発言は、放送機器の具合が悪く放送された英語の聴き取りができない場合を除いて、しないようにしてください。

試験結果について

1．試験の結果は2019年６月26日㈬頃に受験申込書に記載された住所に郵送で通知します。
2．その間に住所変更をされた方は、郵便局へ住所変更の届け出を忘れずに行ってください。
3．発表前の試験結果のお問合せには応じられません。

I. Directions: You will hear 10 statements or questions. For each statement or question, choose the most appropriate response and mark your answer on your answer sheet.

1. A. This area is very convenient. B. I prefer supermarkets.
C. There's one around the corner. D. I'm from near here, too.

2. A. I'm looking for a lunch spot. B. It's around 9 p.m.
C. I got lost on my way home. D. I'm enjoying the fine weather.

3. A. I'll be back soon. B. May I go to the toilet?
C. So, can I go to the toilet? D. The toilet is down the hall.

4. A. Have you checked the power source?
B. Turn at the next corner.
C. Everything will turn out OK.
D. What software are you using?

5. A. I'm very well, thanks. B. It's going well, thanks.
C. I'm going there now. D. It's a new company.

6. A. I'm not surprised. B. I don't go to that school.
C. I'll drive faster next time. D. I'm very sorry, officer.

7. A. I'll get you one now. B. Here is my card, too.
C. Sure. Ready? Smile. D. Make 10 copies, please.

8. A. I predict a cure for cancer.
B. The president will likely step down.
C. I see further growth in jobs.
D. Whatever will be will be.

9. A. I'd prefer Ms. B. Sure. You have my number.
C. Actually, I'm married. D. June would be better.

10. A. He is used to it now.
B. He'll start work next week.
C. It is used to analyze consumer behavior.
D. For about 10 years, I think.

II. Directions: You will hear 10 short conversations. Choose the best answer for each follow-up question and mark your answer on your answer sheet.

11. A. Tuesday　B. Wednesday
C. Thursday　D. Friday

12. A. Delaying an important decision
B. Playing a children's game
C. Finding a new career
D. Deciding something quickly

13. A. Practical　B. Optimistic
C. Disagreeable　D. Pessimistic

14. A. Owning too many credit cards
B. Not understanding personal finance
C. Spending money on luxury goods
D. Not paying credit card bills

15. A. Poor customer service　B. Customer impatience
C. Poor cooking skills　D. Cultural misunderstanding

16. A. An application form
B. Information about the university
C. A temporary password
D. Registration details

17. A. The location of their offices
B. Details about a new supplier
C. The reason for the labor problems
D. The reason for the shipping problems

18. A. New employees are interviewed.
B. Everyone uses Japanese.
C. Meetings start with a prayer.
D. They discuss globalization.

19. A. Students don't study for them.　B. They are too difficult.
C. Students prefer them.　D. They build student skills.

20. A. It is integrated. B. It is disorganized.
C. It is data driven. D. It is personalized.

III. Directions: You will hear five conversations. After each conversation, you will hear two follow-up questions. Choose the best answer for each question and mark your answer on your answer sheet.

[Conversation 1]

21. A. 12 noon B. 12 a.m.
C. 12 midnight D. 12 p.m.

22. A. It is better to use the 24-hour system.
B. Her idea is the only correct one.
C. It is a good idea to learn Latin.
D. Some people would not agree with her.

[Conversation 2]

23. A. An insurance salesperson B. A bank manager
C. A financial planner D. A family friend

24. A. He or she will need car insurance.
B. The children will be in daycare.
C. Looking after children is expensive.
D. The man might be the caregiver.

[Conversation 3]

25. A. They are political enemies.
B. They tell jokes a lot.
C. They have different views on the veto.
D. They often socialize together.

26. A. All resolutions would get passed.
B. Fewer resolutions would get passed.
C. More resolutions would get passed.
D. No resolutions would get passed.

[Conversation 4]

27. A. They believe marijuana should be legal everywhere.
B. Both are concerned about current events.
C. Both enjoy answering embarrassing questions.
D. They think the president is using marijuana.

28. A. Don't use it at all.
B. Use it, but don't try other drugs.
C. Alcohol is healthier.
D. Try it in his country.

[Conversation 5]

29. A. A refund B. Help using a computer
C. New batteries D. A product manual

30. A. Teach the man to use a computer
B. Perform an online search
C. Telephone the manufacturer
D. Look around the store

Ⅳ. Directions: You will hear two short talks. After each talk, you will hear five follow-up questions. Choose the best answer for each question and mark your answer on your answer sheet.

[Talk 1]

31. A. The CEO of Aurora Air B. An airline passenger
C. A flight attendant D. A TV announcer

32. A. 20:40 B. 14:40 C. 2:40 D. 16:40

33. A. To ensure passenger safety
B. To make sure passengers don't forget anything
C. To calm the passengers
D. To test the public address system

34. A. A first class passenger
B. A passenger with a small child
C. An economy class passenger
D. Any passenger in a window seat

35. A. A domestic flight B. A military flight
C. An international flight D. An emergency flight

[Talk 2]

36. A. University students B. Illegal immigrants
C. Elementary school students D. Company employees

37. A. Japanese share a common culture.
B. America is multicultural.
C. Most people in Japan are Japanese.
D. America has a single culture.

38. A. Six B. Two C. One D. Three

39. A. Language and Communication B. Art, Theater, and Fashion
C. Myths and Legends D. Social Behavior

40. A. Introduction to Japanese Culture
B. Cross-cultural Communication
C. What is culture?
D. End of Global Culture?

V. Choose from among the four alternatives the one that best completes each of the following sentences.

41. (　　　　　) new cars sold in Norway in 2018 were pure electric.
A. Almost third of a B. Of almost a third
C. A third almost of D. Almost a third of

42. Japanese men feel it is reasonable to work 15 hours and five minutes overtime (　　　　　), a recent survey showed.
A. on month per average B. per month on average
C. average month per on D. on average month per

43. (　　　　　) causes 7 million deaths worldwide every year and costs an estimated US$ 5.11 trillion in welfare losses globally.
A. Air pollution to exposure B. Exposure to air pollution
C. To air exposure pollution D. Pollution to air exposure

44. Hundreds of passengers were left stranded in Britain on Tuesday after European aviation authorities suspended Turkmenistan Airlines (　　　　).

A. over safety concerns　　B. safety concerns over
C. concerns over safety　　D. safety over concerns

45. Whether you regard your next flight as a chance to (　　　　) may depend on where you live, according to a survey of 8,000 passengers in 10 key travel markets.

A. relax kick and back　　B. kick back and relax
C. back relax and kick　　D. back kick and relax

Ⅵ. Choose from among the underlined words or phrases the one that is grammatically or idiomatically incorrect.

46. South Korean President Moon Jae-in has proposed (A) a joint project with China to use (B) artificial rain to clean the air in Seoul, (C) which an acute increase (D) in pollution has caused alarm.

47. Prime Minister Shinzo Abe on Tuesday (A) agreed with Rwandan President Paul Kagame to provide (B) up to ¥3,191 million in aid (C) to helping the African country build (D) water supply facilities.

48. After (A) a Chinese scientist's claim of helping to create gene-edited babies roiled (B) the global science community, China has unveiled draft regulations (C) on gene editing and other potentially risky biomedical (D) technological.

49. The Japanese eel, which is (A) in dangers of extinction, will not be included (B) in the scope of the Washington Convention, (C) which regulates international trade (D) in endangered plants and animals, it was learned Tuesday.

50. Cambodian Prime Minister Hun Sen said Chinese President Xi Jinping agreed (A) to import 400,000 tons of rice from Cambodia this year (B) as part of the plan to increase (C) bilaterally trade between the two countries (D) to $10 billion by 2023.

Ⅶ. Choose the best answer from the choices marked (A), (B), (C), and (D) to fill in the blanks based on the knowledge gained from *Today's Guide to the United Nations.*

The International Court of Justice, whose seat is at The Hague, Netherlands, is the principal judicial organ of the United Nations. The Court's functions are defined in its Statute, which is an **(51)** _________ part of the United Nations Charter and is based on the Statute of the Permanent Court of International Justice, which functioned at the time of the League of Nations.

The jurisdiction of the Court **(52)** _________ all questions which States refer to it, and all the matters provided for in the United Nations Charter or in treaties or conventions in force. States may bind themselves in advance to accept the jurisdiction of the Court in special cases, either by **(53)** _________ a treaty or convention which provides for reference to the Court or by making a special declaration to that effect. Such declaration accepting compulsory jurisdiction may exclude certain classes of cases.

The Court consists of 15 judges **(54)** _________ by the General Assembly and the Security Council, voting independently. They are chosen on the basis of their qualifications, not on the basis of nationality, and care is taken to ensure that the principal legal systems of the world are represented in the Court. No two judges can be **(55)** _________ of the same State. The judges serve for a term of nine years and may be re-elected. They cannot engage in any other occupation during their term of office.

51. A. integral　B. unexpected
C. unfair　D. obvious

52. A. asks　B. covers
C. showers　D. introduces

53. A. signing　B. breaking
C. employing　D. charging

54. A. dismissed　B. founded
C. suggested　D. elected

55. A. professors　B. nationals
C. criminals　D. researchers

Choose the most appropriate of the four alternatives according to your knowledge and the information gained from *Today's Guide to the United Nations*.

56. The name "United Nations" was suggested by

A. Trygve Lie, the first U.N. Secretary-General

B. John D. Rockefeller, a renowned U.S. industrialist

C. Franklin D. Roosevelt, a former U.S. President

D. Eric Drummond, the first League of Nations Secretary-General

57. The Charter of the United Nations was signed on 26 June 1945 in

A. San Francisco

B. New York

C. London

D. Paris

58. Japan joined the United Nations on

A. 24 October 1945

B. 31 October 1947

C. 25 June 1950

D. 18 December 1956

59. The General Assembly appoints the Secretary-General on the recommendation of

A. the Secretariat

B. the Security Council

C. the Trusteeship Council

D. the International Court of Justice

60. The six official languages of the United Nations are English, French, Russian, Spanish, Chinese, and

A. German

B. Italian

C. Arabic

D. Portuguese

Ⅷ. Read each of the following passages and answer the questions that follow.

[Passage 1: Questions 61 to 63]

(A) Plankton enrich the atmosphere with oxygen and more than 3 billion people depend on marine and coastal biodiversity for sustenance and livelihoods. Marine and coastal resources and the industries they support are estimated to be worth at least US$3 trillion a year, some 5 percent of global GDP.

Sustainably managing and protecting marine and coastal ecosystems are the objectives of Goal 14 of the Sustainable Development Goals. **(B)** Today, ocean life is under severe pressure, ranging from climate change to pollution, the loss of coastal habitats and the overexploitation of marine species. Some one-third of commercial fish stocks are overfished, and many other species — from albatrosses to turtles — are imperiled by the unsustainable use of ocean resources.

The good news is that solutions are available. **(C)** The Convention on International Trade in Endangered Species of Fauna and Flora (CITES) is increasing regulation of marine species. And the Convention on Biological Diversity (CBD) is engaged in crafting a post-2020 global biodiversity framework.

On this World Wildlife Day, let us raise awareness about the extraordinary diversity of marine life and the crucial importance of marine species to sustainable development. **(D)**

61. Choose the best place from among (A), (B), (C), and (D) where the following sentence can be inserted:

That way, we can continue to provide these services for future generations.

62. Choose the best place from among (A), (B), (C), and (D) where the following sentence can be inserted:

Marine species provide indispensable ecosystem services.

63. Choose the best place from among (A), (B), (C), and (D) where the following sentence can be inserted:

For example, where fisheries are managed scientifically, most fish stocks have a good chance of recovery.

[Passage 2: Questions 64 to 70]

Social media firms and foreign investors must do more to ensure they support human rights in Myanmar, U.N. Special Rapporteur Yanghee Lee said on Tuesday, suggesting Facebook was failing to **(64)** treat parties to the country's conflict even-handedly.

Myanmar has been trying to attract foreign investors and **(65)** divert attention from 730,000 Rohingya Muslims who have fled the country since 2017. A U.N. inquiry blamed the exodus on a military campaign with "genocidal intent," which the government denies.

Facebook said this month it had banned four insurgent groups fighting Myanmar's military after it was criticized for not doing enough to block content **(66)** fueling the conflict. Lee said she was concerned that Facebook had not banned Myanmar's army and allied armed groups as well.

"Contrary to achieving the stated aim of decreasing tensions, this selective banning may **(67)** contribute to feelings of inequality by ethnic minorities," Lee said in a report she will present to the U.N. Human Rights Council on March 11.

"Public **(68)** institutions linked to the military, its supporters, extremist religious groups and members of the government continue to proliferate hate speech and misinformation on Facebook."

The company said it had taken **(69)** steps to ban "hate figures, hate organizations and military officials" from Facebook in Myanmar. Its investigations were ongoing and not limited to the four groups it had blacklisted.

"We don't want anyone to use Facebook to **(70)** incite or promote violence, no matter who they are," it said in a statement.

64. In this context, the word "treat" is closest in meaning to

A. consider B. handle C. care for D. entertain

65. In this context, the word "divert" is closest in meaning to

A. catch B. amuse C. pay D. distract

66. In this context, the word "fueling" is closest in meaning to

A. sending a missile into the air
B. putting gas into a vehicle
C. making something become worse
D. achieving something that you wanted to do

67. In this context, the word "contribute" is closest in meaning to

A. give money B. help make something happen
C. write articles for a newspaper D. limit the amount of something

68. In this context, the word "institutions" is closest in meaning to

A. hearings
B. organizations
C. traditions
D. relations

69. In this context, the word "steps" is closest in meaning to

A. doorsteps
B. stairs
C. phases
D. measures

70. In this context, the word "incite" is closest in meaning to

A. encourage
B. amaze
C. prohibit
D. anger

Ⅸ. Read the following passage and answer the questions that follow.

(1 ～ 11 indicate paragraph numbers.)

1 A name, an official identity, and a nationality recognized by everyone: most of us take these things for granted. Yet, for nearly a quarter-billion children around the world, including tens of millions in Sub-Saharan Africa, such basic rights are unattainable luxuries.

2 According to UNICEF, the births of some 230 million children under the age of five — about one-third of the world's total — have never been registered. Asia is home to 59% of these unregistered children and Sub-Saharan Africa a further 37%. All of them grow up "invisible," even to their own country.

3 The problem is particularly acute in certain African countries: only 3% of children in Somalia, 4% in Liberia, and 7% in Ethiopia have official papers, for example. Registration levels also vary widely within countries, both in Africa and elsewhere. Children born in rural areas, which are often far removed from administrative centers, are less likely to be registered than those living in cities. Income is another factor, with children born into the poorest 20% of households being far more prone to slip through bureaucratic cracks. Children of ethnic-minority or refugee families are even less likely to appear in a civil registry.

4 We know the main reasons for non-registration. Many parents, owing either to lack of education or ignorance of official procedures, settle instead for rituals, ceremonies, or even birth records issued by maternity hospitals. Political crises, wars, and internal displacements aggravate the problem: parents fleeing to safety with their children typically are not preoccupied with registering them properly.

5 The consequences, however, can be severe. Unregistered children are born, live, and die in anonymity. With their physical and legal existence unnoticed by national authorities, they are often condemned to lives spent on the margins of society.

6 Children who have no birth certificate cannot prove their age, parentage, or identity, or get official papers such as a passport. They find it extremely hard to gain access to basic services such as health care, education, and social assistance. Unregistered children also are frequently among the first to suffer discrimination and mistreatment. Because their age cannot be proven, they often become victims of child labor or trafficking and, for girls, forced marriage.

7 As African governments seek to increase registration rates among their populations, they should keep two fundamental principles in mind. First, although there is no one-size-fits-all solution to the wide disparities in registration between and within different countries, successful approaches in one place could inspire governments elsewhere. For example, some countries, including Côte d'Ivoire, have established "mobile court hearings" that travel around the country and allow unregistered people to receive a birth certificate.

8 In addition, developing effective and sustainable initiatives requires the

full commitment of African governments, policymakers, and non-governmental organizations, as well as the continued engagement and assistance of international agencies. For this reason, I met last October with UNICEF's regional director for West and Central Africa, Marie-Pierre Poirier, whose commitment and work I greatly admire. We discussed the status of children's rights in the region, including registration of births, issuance of birth certificates for all children, and the fight against child labor — all of which are inextricably linked.

9 Civil-society organizations and NGOs have a crucial role to play in reducing the enormous numbers of "invisible" African children. The Children of Africa Foundation, of which I am president, was set up 20 years ago to care for disadvantaged and vulnerable children and currently works in 12 African countries. Its projects in Côte d'Ivoire include the Children's Hut in Abidjan, health-care initiatives such as ophthalmological caravans and the Mother-Child Hospital of Bingerville, and educational schemes such as a Bibliobus and school supply kits.

10 Additionally, I have launched a major project together with Côte d'Ivoire's ministers of interior and justice that allows any child enrolling in sixth grade to obtain a certificate of studies, thereby ensuring that they can receive a birth certificate. Our hope is that other countries on the continent will follow suit.

11 Let's be clear: 230 million unregistered children around the world is a global crisis in urgent need of solutions. Every single case is an individual tragedy that leaves a child at serious risk of discrimination or worse, and leads to emotional damage that can last a lifetime. Only by upholding for all children their most basic right — an identity — can we ensure that no child is left behind.

71. Which of the following is mentioned in Paragraph 1?

A. Unregistered children cannot get their passports.
B. It is important to understand children's right to a name.
C. African nations have made efforts to promote freedom of speech.
D. Many children around the world don't have official identification.

72. Which of the following is mentioned in Paragraph 2?

A. From birth, each child has the right to a nationality.
B. The right to identity is a prerequisite for equality.
C. Birth registration is a fundamental human right.
D. The largest number of unregistered children is seen in Asia.

73. Which of the following can be inferred from Paragraph 3?

A. Africa has the largest number of child laborers.
B. The birth registration process in Africa is complex.
C. A variety of factors influence birth registration levels.
D. Many children in Liberia have access to basic rights like education.

74. Which of the following is mentioned in Paragraph 4?

A. The effect of wars on birth registration is not large.
B. Many parents lack knowledge of how to register a child's birth.
C. Children are more likely to be registered as they grow older.
D. Children born in rural areas want digital birth registration systems.

75. Which of the following is mentioned in Paragraph 6?

A. The lack of birth registration deprives children of the right to education.
B. The human rights situation of Somalia and Ethiopia is getting better.
C. Major efforts to register refugee children are under way in Africa.
D. Child marriage remains widespread throughout the world.

76. Which of the following can be inferred from Paragraph 7?

A. The importance of birth registration has been recognized for decades.
B. In some African nations gender gaps have widened in the past decade.
C. One barrier to birth registration is the distance to registration facilities.
D. Innovative approaches have been used to improve education in Africa.

77. Which of the following is mentioned in Paragraph 8?

A. Improving birth registration in Africa requires a multi-sector response.
B. UNICEF is not doing enough to promote birth registration in Africa.
C. One-fifth of all African children are involved in child labor.
D. UNICEF's regional director for West and Central Africa admires the writer.

78. Which of the following is mentioned in Paragraph 9?

A. The writer runs an organization operating in Asia and Africa.
B. In Côte d'Ivoire, the number of "invisible" children is increasing.
C. The Children of Africa Foundation carries out educational projects.
D. Côte d'Ivoire promotes equality at home and in the workplace.

79. Which of the following can be inferred from Paragraph 11?

A. Investing in children should be the foundation of Africa's progress and development.
B. The right to water is essential for good health, survival and proper growth of children.
C. A low child registration rate may not be surprising in countries with persistent civil unrest.
D. The international community must step up efforts to promote birth registration in the world.

80. Which of the following would be the best heading for this article?

A. Invisible Children

B. Child Labor in Africa

C. The Right to a Surname

D. Educating African Children

X. Write a short essay of around 80-100 words in English to answer the following question:

What recent international news has made you happy, sad, or worried? Why?

(You do not need to write down the number of words.)

マークシート記入例

東京の本会場でB級を受験する、国連 太郎さん、受験番号が「東京01-30001」、生年月日が「1980年10月24日」の場合の記入例です。

【受験番号/氏名】
それぞれ受験票の記載通りに記入してください。

受験番号	東京01-30001
氏　名	国連 太郎

【受験地区】
受験記号・番号の、都道府県部分を塗りつぶしてください。

【会場番号】
都道府県部分に続く2桁の数字を塗りつぶしてください。

【受験番号】
ハイフン（－）以降の5桁の数字を塗りつぶしてください。

受験地区					会場番号		受験番号 万	千	百	十	一
北海道	埼玉	岐阜	鳥取	佐賀	●	0	0	●	●	●	0
青森	千葉	静岡	島根	長崎	1	●	1	1	1	1	●
岩手	東京 ●	愛知	岡山	熊本	2	2	2	2	2	2	2
宮城	神奈川	三重	広島	大分	3	3	●	3	3	3	3
秋田	新潟	滋賀	山口	宮崎	4	4	4	4	4	4	4
山形	富山	京都	徳島	鹿児島	5	5	5	5	5	5	5
福島	石川	大阪	香川	沖縄	6	6	6	6	6	6	6
茨城	福井	兵庫	愛媛	海外	7	7	7	7	7	7	7
栃木	山梨	奈良	高知		8	8	8	8	8	8	8
群馬	長野	和歌山	福岡		9	9	9	9	9	9	9

【受験級】
「B」と記入し、下段のB級部分を塗りつぶしてください。

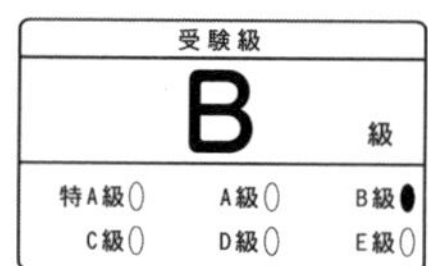

【生年月日】
4桁の西暦・月・日を塗りつぶしてください。
10未満の月・日の十の位は、「0」を塗りつぶしてください。

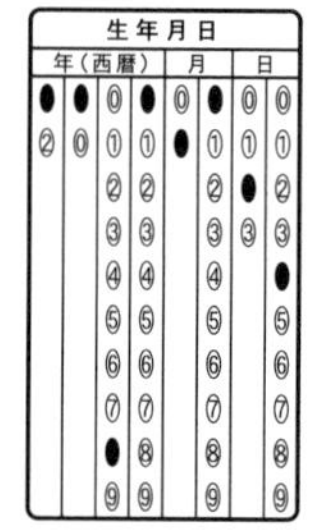

※HB以上の鉛筆を用いてマークをしてください。

※他の地区から会場を変更して受験する場合でも、受験票に記載されている受験地区・会場番号をマークしてください。

2019年
第1回試験

解答・解説

2019年　国連英検B級第1回試験
解答・解説

I　疑問文を含む英文が10題読まれます。
それぞれの英文に対して，最も適切な対応文を選びなさい。

1.　解答：C

解説　最寄りのコンビニの場所を聞いているので，Cの“There is one (= convenience store) around the corner.”（角に一軒あります）が最も適切。

ナレーション　Excuse me. I'm looking for the nearest convenience store.
「すみません。最寄りのコンビニを探しているのですが」
A. この辺はとても便利です。　B. スーパーマーケットの方がいいです。
C. 角に一軒あります。　D. 私もこの辺の出身です。

2.　解答：C

解説　何をしているのかを聞いているので，時間帯（at this time of night）が夜であることを踏まえれば，Cが最も適切。

ナレーション　What are you doing here at this time of night?
「夜のこんな時間にここで何をしているのですか」
A. 昼食場所を探しています。　B. 午後9時ごろです。
C. 帰宅途中で道に迷いました。　D. 素晴らしい気候を満喫しています。

3.　解答：B

解説　トイレに行く許可を得るため“Can I go to the toilet?”と言った相手に，そのような時はcanではなくmayを使うのがふさわしいと教えている場面と言える。したがって，その教わった表現で再度許可を求めているBが対応文として最も適切。

ナレーション　I'm sure you can go to the toilet, but the correct question is 'May I go to the toilet?'

「もちろん，トイレに行っていいです。でも，その場合の正しい言い方は “May I go to the toilet?” です」

A. まもなく戻ってきます。

B. トイレに行ってもいいですか。

C. それではトイレに行ってもいいですか。

D. トイレは廊下の先にあります。

4. 解答：A

解説 コンピューターのモニターを作動させることができないという発話なので，PC の電源が入っていることを確認したかを聞いている A が対応文として最も適切。

ナレーション Hello. I can't seem to turn on my computer monitor.

「もしもし，コンピューターのモニターが作動しないのですが」

A. 電源は確認しましたか。

B. 次の角で曲がってください。

C. 全て順調にいくでしょう。

D. どんなソフトウエアを使用していますか。

5. 解答：B

解説 新しい仕事がどうかを聞いているので，順調にいっているという内容の B が対応文として最も適切。

ナレーション How's your new job going?

「新しい仕事はどうですか」

A. とても元気です，ありがとう。

B. うまくいっています，ありがとう。

C. いま，そこに行きます。

D. 新しい会社です。

6. 解答：D

解説 制限時速 30 キロのところを 50 キロで走行していたと言われたので，それに対する謝罪となる D が最も適切。

ナレーション You were travelling at 50 kilometers per hour in a 30 kilometer per hour school zone.

「制限時速 30 キロのスクールゾーンを 50 キロで走行していました」

A. 私は驚いていません。

B. その学校には通っていません。

C. 次はもっとスピードを上げて運転します。

D. 本当にすみません，お巡りさん。

7. 解答：A

解説 コピーカードが必要かどうか聞いている。必要なので，それを自分が持ってくるという内容の A が対応文として最も適切。“I'll get you one (= a copy card) now.”

ナレーション Do we need a copy card to make copies on this photocopier?

「このコピー機でコピーするのにコピーカードは必要ですか」

A. いま持ってきます。 B. ここに私のカードもあります。

C. それではいいですか。笑って。 D. 10 枚コピーお願いします。

8. 解答：C

解説 今年の景気予想を聞いているので，雇用がさらに伸びるという内容の C が対応文として最も適切。

ナレーション Professor Smith, do you have any predictions on the economy for this year?

「スミス教授，今年の景気予想はいかがですか」

A. がんの治療法がでてくると予測しています。

B. 大統領が辞任しそうです。

C. 雇用のさらなる伸びが見込まれます。

D. なるようになるさ。

9. 解答：A

解説 Mrs と呼んでいいか聞いているので，Ms でお願いしますという内容の A が対応文として最も適切。

ナレーション Good morning Mrs. Johnson. May I call you Mrs?

「おはようございます。Mrs. Johnson さん。Mrs とお呼びしてよろしいですか」

A. Ms でお願いします。

B. 結構です。私の電話番号はお分かりですね。

C. 実は私，既婚者です。

D. 6 月がいいでしょう。

10. 解答：D

解説 市場調査会社にジョンが勤務していたことを確認しているので，その会社の在職期間に触れていると理解できる D が対応文として最も適切。“(He used to work there) For about 10 years, I think.”

ナレーション John used to work at a market research company, didn’t he?
「ジョンは以前，市場調査会社に勤めていましたね」

A. 彼はいまではそれに慣れている。

B. 彼は来週仕事を始める。

C. それは消費者動向分析に使われる。

D. 10 年ぐらいだったと思います。

II 10 題の対話文が読まれます。
その後に読まれるそれぞれの質問に対して最も適切な答えを選びなさい。

11. 解答：C

解説 火曜日（きょう）に会う予定だと思っていたらそれが勘違いであることに気づき，実際は the day after tomorrow だったと男性が話していることから，正解は C となる。

A. 火曜日　B. 水曜日　C. 木曜日　D. 金曜日

ナレーション

Woman: I wonder where Tom is. He was supposed to be here 20 minutes ago. Are you sure he said Tuesday?

Man: Let me check my text messages. [thinking] Yup ... 11:30 a.m. .... Ooops. It’s actually the day after tomorrow. I got my Ts mixed up.

Woman: Not a big problem. Let’s go get some lunch anyway.

Question When were the man and woman supposed to meet Tom?

(女)：トムはどこかしら。20 分前にはここにいるはずなのに。トムが火曜日と言ったのは確かなの？

(男)：メールを見てみるから。(考えながら) そうそう……午前11時30分……しまった。本当は明後日だった。T 違いで火曜日と木曜日を間違えていたよ。

(女)：気にしないで。お昼ご飯でも食べに行きましょうよ。

質問　男性と女性はトムにいつ会う予定だったか。

12. 解答：A

解説　結婚をためらっている男性に女性が“Why do you keep kicking the can down the road?” と話していることから，正解は A となる。to kick the can down the road ＝先に延ばす。

A. 大事な決断を遅らせている　　B. 子ども用ゲームをしている

C. 新たな職を探している　　D. 結論を急いでいる

ナレーション

Man: I love you very much, but I don't think I'm ready to get married yet.

Woman: But we've been dating for over two years. Why do you keep kicking the can down the road?

Man: It's not that I don't want to, but I have to focus on my career for now.

Question　According to the woman, what is the man doing?

(男)：とても愛しているよ。でも，まだ結婚する準備ができていないように思うんだ。

(女)：でも付き合ってから２年以上になるのよ。先延ばしを続けるのはどうしてなの？

(男)：先延ばししたいわけじゃないけど，いまは仕事に専念しないと。

質問　女性によると，男性は何をしているか。

13. 解答：B

解説　男性は４番目の子どもに不安を示しているのに対し，女性が “we've always found a way to love and support them (= kids).” と話していることから，正解は B と言える。

A. 実用的な　　B. 楽観的な　　C. 不愉快な　　D. 悲観的な

ナレーション

Woman: Hey, honey. I've got some news for you. I'm pregnant again.

Man: Oh no! We already have 3 kids. We just can't afford another one.

Woman: I know, but I think that kids are magical, and we've always found a way to love and support them.

Question Which word best describes the woman's attitude in this discussion?

(女)：ねえ，あなた，話したいことがあるの。また子どもができたわ。

(男)：うそだろう！　すでに3人の子どもがいるし，もう1人養う余裕はないよ。

(女)：分かっているわ。でも子どもは授かりものだし，これまでいつも子どもに愛情を注いで育ててきたじゃない。

質問　この会話で女性の考えを最もよく表している言葉はどれか。

14. 解答：B

解説 男性がクレジットカードの請求額と利率の関係に触れているが，それに対し女性が "I have no idea what you are talking about." と応えていることから，正解はBとなる。

A. クレジットカードを持ち過ぎている

B. パーソナルファイナンス（個人のお金の契約や管理・やり繰りのこと）が分かっていない

C. ぜいたく品にお金を使っている

D. クレジットカード請求書の支払いをしない

ナレーション

Woman: I can't figure it out. My credit card bill is much higher than I expected. I don't think I bought anything unnecessary.

Man: Nothing to do with what you buy. The interest rate on your card is 19%, and you often pay only the minimum amount per month.

Woman: I have no idea what you are talking about.

Question What common problem is expressed in this conversation by the woman?

(女)：分からないわ。クレジットカードの請求額が思っていたより高いの。余計な物は買っていないと思うけど。

(男)：何を買うかとは関係ないよ。君のクレジットカードは利率が19%なのに，毎月支払っているのは最低額でしょう？

(女)：あなたの言っていることが分からないわ。

質問　この会話で女性が伝えているよくある問題は何か。

15.　解答：A

解説　料理がなかなか運ばれてこないので，女性が男性に “Sorry. You’ve been waiting a long time, haven’t you?” と話していることから，正解はAとなる。

A. よくない顧客サービス　　B. 客のいら立ち

C. 下手な調理技術　　D. 文化的な誤解

ナレーション

Man:　In my country, restaurants always bring the main dishes at the same time.

Woman: Sorry. You’ve been waiting a long time, haven’t you?

Man:　Indeed I, or should I say ‘we’, have. Anyway, go ahead and eat. Your meal is getting cold.

Question　What negative point about the restaurant is expressed in this conversation?

(男)：私の国ではメインディッシュは同時に運ばれてきますよ。

(女)：ごめんなさい。ずいぶん待たされましたね。

(男)：確かに，私は，いや‘私たちは’というべきかな，大分待たされましたね。とにかく，冷めてしまうのでどうぞ食べてください。

質問　この会話の中でレストランについて述べられている否定的なことは何か。

16.　解答：C

解説　男性が女性に “I can issue you with a password. However, you can only use it for today.” と話していることから，正解はCとなる。

A. 申込書　　B. 大学に関する情報

C. 仮パスワード　　D. 登録の細目

ナレーション

Woman: Hello. I want to log into the university website, but I guess I can't until spring semester begins.

Man: If I can confirm you are registered, I can issue you with a password. However, you can only use it for today.

Woman: That's fine. I just want to check a few things about student facilities.

Question What does the man say he will give the woman?

(女)：すみません，大学のホームページにログインしたいのですが，春学期が始まるまでできないですね。

(男)：あなたの登録が完了していることが確認できれば，パスワードを発行することができますが，それは本日しか使用できません。

(女)：それで結構です。学生施設についていくつか調べたいだけなので。

質問　男性は女性に何を提供すると言っているか。

17. 解答：D

解説 女性が"I'll have to at least send an email to headquarter to let them know what's going on."と話していることから，"What's going on"の具体的内容を伝えると理解できる。したがって，正解はDとなる。

A. 自分たちのオフィスの場所　　B. 新たな供給先の詳細

C. 労働問題の理由　　D. 発送遅延の理由

ナレーション

Woman: Headquarters is complaining about all the late shipments to customers. What's happening?

Man: Sorry, I should have talked to you. The reason is one of our suppliers is having some labor problems. There's nothing we can do right now.

Woman: Well maybe we need a new supplier. Anyway, I'll have to at least send an email to headquarters to let them know what's going on.

Question What will the woman include in her e-mail?

(女)：顧客への商品発送が遅れていることに本部から苦情が出ているの。どうしたの？

(男)：すみません。お話しておくべきだったのですが，供給先の 1 つが労働問題を抱えているようで，いまこちらでどうにもできないのです。

(女)：おそらく新たな供給先が必要になるわ。とにかく，少なくともメールを出して現状を本部に報告しておかなくては。

質問　女性はメールに何を書くことになるか。

18. 解答：B

解説　役員会での英語使用を心配している男性に “Good Lord! Do you really think anyone follows that policy here?” と話していることから，実際には英語は使用されない可能性が高いと女性が思っていると理解できる。したがって，正解は B となる。

A. 新しい従業員の面接が行われる。

B. 全員が日本語を話す。

C. 会議はお祈りで始まる。

D. 役員会ではグローバリゼーションについて議論される。

ナレーション

Man:　I'm so worried about speaking English in the executive meetings.

Woman: Good Lord! Do you really think anyone follows that policy here?

Man:　But they made such a big thing about not using Japanese at my interview! Globalization and all that.

Question　According to the woman, what most likely happens at the meetings?

(男)：役員会で英語を話すのがとても不安だよ。

(女)：あら！　ここでその方針に従う人がいると本当に思っているの？

(男)：でも，僕が面接を受けたとき，これからは日本語を使わないようにしていくと大々的に言っていたよ。グローバリゼーションだ，何だかんだと言われているからね。

質問　女性によれば，会議で起こる可能性が一番高いのはどのようなことか。

19. 解答：D

解説 男性が一般入試を見直すキッカケとなったのが推薦入学者で，一般入学選抜試験を受けてこない彼らについて “They are mostly disorganized, don’t know how to plan, and often don’t do homework.” と，彼が話していることから，正解はDとなる。

A. 学生は入学試験を目指して勉強をしない。

B. 入学試験は難しすぎる。

C. 学生は入学試験が好きである。

D. 入学試験は学生のスキルを伸ばす。

ナレーション

Man: I’m beginning to see more merit in university entrance exams these days.

Woman: Goodness. You’ve been against entrance exams for years. What made you change your mind?

Man: Many of my first year students this year were recommended and skipped the entrance exams. They are mostly disorganized, don’t know how to plan, and often don’t do homework.

Question What can be inferred about entrance exams from this conversation?

(男)：このごろ大学入学試験をやる意味があると思うようになってきたよ。

(女)：あら，あなたはずっと入試に反対していたわよね。どうしたの？

(男)：今年教えている1年生の大半が推薦入学者だから入学試験を受けていないんだ。彼らは計画性がないし，勉強の進め方も分かっていない。課題をやってこないこともよくあるんだよ。

質問 この会話から入学試験についてほのめかされているのは何か。

20. 解答：D

解説 女性の “I’m a family doctor. I examine and discuss treatment with all family members. I’ve counselled some patients for years.” から，正解はDと言える。

A. 一体化されている。　　B. まとまりに欠けている。

C. データ駆動型である。　D. 利用者に合わせている。

ナレーション

Man: This is an interesting system you have in Canada. You have a beautiful office with a play area for the kids. It doesn't really seem like a hospital or clinic.

Woman: It isn't. Procedures are done elsewhere. I'm a family doctor. I examine and discuss treatment with all family members. I've counselled some patients for years.

Man: This is quite interesting. We don't have close relationships with doctors in my country.

Question What can we infer about the healthcare system in Canada from this conversation?

(男)：カナダのこれは面白いシステムですね。子ども用の遊び場があるすてきなオフィスです。病院やクリニックには全く思えません。

(女)：そうですね。治療は別の場所で行います。私はファミリードクターなので，診察をするとご家族全員と治療について話し合います。患者によっては何年も相談にのることがあります。

(男)：これは大変興味深いです。自分の国では医者とのかかわりは深くありませんから。

質問　カナダの医療制度についてこの会話から何がうかがえるか。

III

5つの対話文が読まれます。各対話文の後で，それに対する質問が2つ読まれます。各質問に最も適切な答えを選びなさい。

Conversation 1

21. 解答：A

解説 午前12時と午後12時の区別をどうするかという疑問に，女性が "I use expressions like 'noon' or 'midnight' to be clear." と答えていることから，正解はAとなる。

A. 昼の12時　B. 午前12時　C. 夜中の12時　D. 午後12時

22. 解答：D

解説 12時制について "There is a lot of discussion about this point." と女性が話しており，賛否両意見があることが分かる。したがって，正解は

Dと言える。

A. 24時間制の使用がよい。

B. 彼女の考えが唯一の正しい言い方である。

C. ラテン語を学ぶのはいい考えだ。

D. 彼女の考えに賛成しない人もいるだろう。

ナレーション

Woman: In the English 12-hour system, we don't usually use 12 p.m. or 12 a.m.

Man: I don't understand. Why not?

Woman: 'a.m.' in Latin means ante-meridiem. In English, before noon. 'p.m.' means post meridiem or afternoon. 12 o'clock is neither before nor after noon.

Man: OK. I get that now. But how do you distinguish between the two?

Woman: There is a lot of discussion about this point. I use expressions like 'noon' or 'midnight' to be clear.

Questions 21. According to the discussion, which time best expresses a time for a lunch appointment?

22. Based on the woman's explanation, what can be inferred about her solution to the time problem discussed?

(女)：英語の12時間制では12p.m.や12a.m.は通常は使わないわ。

(男)：なんで？　分からないな。

(女)：ラテン語の'a.m.'はante-meridiemのことで，英語で正午前の意味なの。そして，'p.m.'はpost meridiemで，正午後のことなの。だから，12時は正午前でも後でもないの。

(男)：なるほど。そういうことなんだ。でもその2つはどうやって区別しているの？

(女)：この点については多くの議論があるの。私は誤解がないように'noon'とか'midnight'のような表現を使っているわ。

質問　21. 議論によれば，昼食の約束時間を表すのに一番いいのはどれか。

22. 女性の説明によれば，問題になっている時間に関する解決策はどのようなものか。

Conversation 2

23. 解答：C

解説 女性が（保険の勧誘ではなく）男性に生命保険の必要性について話している場面であることを踏まえれば，C が最も適切と言える。

A. 保険外交員　B. 銀行の支店長

C. ファイナンシャルプランナー　D. 家族の友人

24. 解答：D

解説 子どものいる夫婦のどちらかが亡くなった時に残された夫あるいは妻が "future child caregiver" となることから，正解は D と言える。

A. 夫または妻が自動車保険に入る必要がある。

B. 子ども達は保育所に入る。

C. 子どもの養育にはお金がかかる

D. 男性が主な養育者になる可能性もある。

ナレーション

Woman: Let's talk about life insurance now. Two questions: First, do you have children? Second, do you both have regular full-time jobs?

Man: We want to have two children when we are in our thirties. We both have good full-time jobs.

Woman: Then I don't think you need life insurance right now.

Man: OK. I'm a bit surprised, though. What happens to my wife if I die?

Woman: If you have no children, she will still have a full-time job. Generally with children, the main caregiver will have reduced income. The main income earner should be well insured at that time.

Questions 23. Who most likely is the woman?

24. What can be inferred about the future child caregiver

from this conversation?

(女)：それでは生命保険の話をしましょう。2つ質問をします。1つ目は，子どもがいますか。2つ目は，2人ともフルタイムの定職に就いていますか。

(男)：30代には子どもが2人ほしいです。我々2人ともきちんとした定職に就いています。

(女)：それでは現時点で生命保険は必要ないでしょう。

(男)：必要ないのはいいのですが，でもちょっとびっくりです。もし私が亡くなったら妻はどうなりますか。

(女)：子どもがいなければ，その後も奥さんは定職に就いていられます。一般的に子どもがいれば，子どもの扶養者の収入が減ることになるわけですから，その時点で主たる所得者はしっかり保証される必要がでてきます。

質問　23. 女性は誰の可能性が一番高いか。

24. この会話から将来子どもの養育者に関して何がほのめかされているか。

Conversation 3

25.　解答：A

解説　彼は "One nation's negative vote can overrule the majority. How do they ever get anything done?" と話しているように，大国一致や拒否権があることから，政治上の意見が対立している "political enemies"（ここでは常任理事国のこと）からなる安全保障理事会では何も決定できないのではないかと思っている。その状況を皮肉って（sarcastically）'A real fun group' と表現したと理解できる。したがって，正解はAと言える。

A. 常任理事国は政敵である。

B. 常任理事国5カ国は頻繁に冗談を言う。

C. 常任理事国は拒否権に対して異なった考えを持っている。

D. 常任理事国は共に交流することがよくある。

26.　解答：C

解説　拒否権が発動されると否決になるが，棄権は否決に直結しないので，採択される決議案が増える可能性が高くなる。したがって，正解はＣとなる。

A. 全ての決議案が可決される。

B. 可決される決議案がますます少なくなる。

C. 可決される決議案が多くなる。

D. 可決される決議案は全くない。

ナレーション

Man: I'm studying about the United Nations Security Council right now. I don't understand the ideas of Great Powers Unanimity and the veto.

Woman: Simple. China, Russia, France, the UK and the US must all agree before a resolution gets passed.

Man: I know the countries. A real fun group. It's the veto. One nation's negative vote can overrule the majority. How do they ever get anything done?

Woman: Probably because there is also the option to abstain which doesn't count as a negative vote.

Man: I see. So I guess a nation would abstain if they only disagree a little bit?

Questions 25. What does the man mean when he says 'A real fun group'?

26. How would abstaining affect the number of resolutions passed by the Security Council?

(男)：いま，国連安全保障理事会について調べているんだけど，大国一致とか拒否権という考えがよく分からないよ。

(女)：簡単よ。中国，ロシア，フランス，イギリス，アメリカの５カ国全てが賛成して初めて決議が成立するということよ。

(男)：５カ国のことは分かるけど。本当に面白い組織だね。拒否権だよ。１カ国の拒否権が多数決を覆し得るんだよ。それで５カ国はどうやって物事を決めることができるというのだろう。

(女)：だから，たぶん拒否権としてカウントされない，棄権という選択肢もあるんじゃない？

(男)：なるほど。それで，ちょっとでも賛成しかねる場合は棄権するのか。

質問　25. 男性が「本当に面白い組織だ」と言っているが，それはどのような意味か。

26. 棄権は安全保障理事会で可決される決議数にどのような影響をもたらすか。

Conversation 4

27.　解答：B

解説　母国でマリファナを合法的に吸えるのが楽しみか男性に聞いてくる人や，クレイジーな現大統領をどう思うか女性に聞いてくる人が彼らの周りにいることに，2人がうんざりしていると言っている。したがって，正解はBとなる。

A. マリファナは全ての場所で合法化されるべきだと彼らは思っている。
B. 2人ともいま起きていることを気にしている。
C. 2人は厄介な質問に楽しんで答えている。
D. 2人は大統領がマリファナを使用していると思っている。

28.　解答：A

解説　マリファナ使用について，男性が“I'm an experienced teacher, so I know that marijuana is often a gateway drug.”と話していることから，その使用には否定的であると理解できる。したがって，正解はAとなる。

A. マリファナは絶対に使ってはいけない。
B. マリファナはいいが，他のドラッグは使ってはいけない。
C. アルコールはマリファナより健康にいい。
D. マリファナは自分の国でやりなさい。

ナレーション

Man:　I'm so tired of people asking me if I'm excited about going back to my country and legally using marijuana.

Woman: Yeah. I know what you mean. I'm tired of people asking what I think of our crazy president.

Man:　Many people are surprised when I say I'm disappointed in the new law. But, I'm an experienced teacher, so I know that marijuana is often a gateway drug.

Woman: A gateway drug? I'm not sure what that means.

Man: It means that it leads to other drugs that may be more addictive or even dangerous.

Questions 27. What is the attitude of the man and woman towards the situations in their countries?

28. What advice regarding marijuana would the man most likely give to his students?

(男)：帰国したら合法的にマリファナが吸えるのは楽しみですかと私に聞いてくる人に，本当にうんざりするよ。

(女)：そうですよね。おっしゃりたいこと，分かります。常軌を逸した大統領をどう思うかと聞いてくる人々に私はうんざりしていますから。

(男)：新しい法律にがっかりしていると言うと多くの人が驚くんだよ。でも，私は経験のある教員だから，マリファナがよくゲートウェイドラッグになるのは分かっている。

(女)：ゲートウェイドラッグ？　それは何のことですか？

(男)：より常習性が高く，危険な他のドラッグにつながってしまうということだよ。

質問　27. 自分たちの国の状況を男性と女性はどう思っているか。

28. 学生にマリファナについて男性がするアドバイスはどのようなものになる可能性が高いか。

Conversation 5

29. 解答：D

解説 男性が "I've never used it and I don't have any instructions." と話していることから，正解はDとなる。

A. 返金　　B. コンピューター使用の手助け

C. 新品のバッテリー　　D. 取扱説明書

30. 解答：B

解説 女性が "I'll do a search here and print out a copy." と話していること

から，正解はBとなる。
A. 男性にコンピューターの使い方を指導する
B. オンライン検索を行う
C. メーカーに電話する
D. 店の中を見て回る

ナレーション

Woman: How may I help you, sir?
Man: I bought this label maker here a few years ago, but I've never used it and I don't have any instructions.
Woman: We wouldn't have the instructions here, sir. These days, all of that is online. Did you check the company website?
Man: Website? I've never used a computer, so I wouldn't know anything about that.
Woman: Really? Well, no problem. I'll do a search here and print out a copy.
Questions 29. What is the man asking for?
30. What will the woman probably do next?

(女)：いらっしゃいませ。
(男)：数年前にここでこのラベルメーカーを購入したのですが，まだ未使用で，しかも取扱説明書がないのです。
(女)：こちらには取扱説明書は置いておりません。最近はインターネット上に掲載されていますが。会社のサイトで確認されましたか。
(男)：サイトですか？　これまでコンピューターは使ったことがないので，そういうことは全く分かりません。
(女)：そうですか。でも大丈夫です。ここで私が検索して取扱説明書を一部，印刷して参りますので。
質問 29. 男性は何を求めているか。
30. 女性は次に何をするか。

IV （初めに）２つの短いナレーションが読まれ，そのナレーションの後にそれぞれ５つの質問文が読まれます。最も適切な答えを選びなさい。

Talk 1

31. 解答：C

解説 "On behalf of Aurora Air and the entire crew, I'd like to thank you for joining us on this trip." と話していることから，乗務員を代表して乗客にアナウンスしていると理解できる。したがって，正解はCとなる。

A. オーロラ航空の CEO　　B. 乗客
C. 客室乗務員　　D. テレビアナウンサー

32. 解答：B

解説 "Local time is 2:40 p.m." と言っているので，この 2:40 を 24 時制で表せばBとなる。

A. 20:40　　B. 14:40　　C. 2:40　　D. 16:40

33. 解答：A

解説 "For your safety and comfort" と最初に話していることから，正解はAとなる。

A. 乗客の安全を確保するために　　B. 乗客が忘れ物をしないように
C. 乗客を落ち着かせるために　　D. 放送システムを点検するために

34. 解答：B

解説 "If you require deplaning assistance, please remain in your seat until all other passengers have deplaned. One of our crew members will then assist you." と話していることから，選択肢の中でこのアシスタンスを受ける可能性が一番高いのはBと言える。

A. ファーストクラスの乗客　　B. 小さい子どもがいる乗客
C. エコノミークラスの乗客　　D. 窓側の乗客

35. 解答：C

解説 "Please have your Customs Declaration Card ready for presentation at the first customs checkpoint." と話していることから，Cと考えるのが妥当であろう。

A. 国内便　　B. 軍用便　　C. 国際便　　D. 緊急便

ナレーション

"Ladies and gentlemen, welcome to Vancouver International Airport. Local time is 2:40 p.m. The current temperature is 20 degrees Celsius or 82 degrees Fahrenheit and the skies are clear.

We are now taxiing towards the gate. For your safety and comfort, please remain seated with your seat belt fastened until the Captain turns off the Fasten Seat Belt sign. This will indicate that we have parked at the gate and that it is safe for you to move about. Cellular phones may only be used once the Fasten Seat Belt sign has been turned off.

Please check around your seat for any personal belongings you may have brought on board with you, and please use caution when opening the overhead bins, as heavy articles may have shifted around during the flight.

If you require deplaning assistance, please remain in your seat until all other passengers have deplaned. One of our crew members will then assist you.

Please have your Customs Declaration Card ready for presentation at the first customs checkpoint.

On behalf of Aurora Air and the entire crew, I'd like to thank you for joining us on this trip. Have a nice day!"

Questions 31. Who is most likely making this announcement?

32. What is the local time in Vancouver expressed using the 24-hour clock system?

33. What is the main purpose of providing this information?

34. What kind of passenger would most likely leave the plane last?

35. What kind of flight is this most likely?

語句 Celsius: 摂氏　Fahrenheit: 華氏　taxi: 地上走行する　deplane: 飛行機から降りる　Customs Declaration Card: 税関申告書　on behalf of: ～を代表

して

訳例　「皆様，バンクーバー国際空港へようこそ。現地時間は午後2時40分です。現在の気温は摂氏20度，華氏82度です。天候は晴れです。

私達は現在ゲートに向かっています。皆様の安全と快適さのために，機長がシートベルトサインを消すまでシートベルトをした状態での着席をお願いします。シートベルトサインが消えますと，ゲートに飛行機が到着し，皆さんが安全に移動することができます。ベルトサインが消えましたら携帯電話が使用できます。

機内に持ち込まれた荷物が座席回りにないか確認をお願いします。また，重い荷物は飛行中に移動していることがありますので，頭上の棚を開く際にご注意ください。

お降りの際にお手伝いを必要とされる方は，他の全てのお客様がお降りになるまで席でそのままお待ちください。その後，客室乗務員がお手伝いさせていただきます。

最初の税関検査所で提示が求められますので税関申告書をご用意ください。

オーロラ航空および全乗務員を代表して，この度ご一緒できましたことに感謝申し上げます。よい1日を！

質問　31. このアナウンスをしている人は誰の可能性が一番高いか。

32. バンクーバー現地時間は24時間制でいうと何時か。

33. この情報を提供している主な目的は何か。

34. 最後に飛行機を降りる可能性が一番高い乗客はどんな人か。

35. これはどのようなフライトの可能性が一番高いか。

Talk 2

36.　解答：A

解説　"Today we will start our course in earnest." と述べていること，および，授業内容が文化に関するものであることを踏まえれば，選択肢の中では大学生と考えるのが自然であろう。したがって，正解はAと言える。

A. 大学生　B. 不法移民　C. 小学生　D. 会社員

37.　解答：D

解説　"multicultural society" であるアメリカには "many distinct cultures" がある。だから，American culture という言葉には，1つの「ある集団が共有する考え方や行動」の意味合いはないということである。したがって，正解はDとなる。

A. 日本人は同一文化を共有している。
B. アメリカは多文化社会である。
C. 日本に住むほとんどの人は日本人である。
D. アメリカは単一文化である。

38. 解答：D

解説 "we will use six different aspects of culture" と述べ，次に "First, we will pick a culture ... Next up will be the history ... Third will be social behavior ..." と説明していることから，残りは３つとなる。

A. 6　B. 2　C. 1　D. 3

39. 解答：B

解説 "First, we will pick a culture and study the language and the way people communicate with each other. Next up will be the history, myths and legends. Third will be social behavior such as attitudes to work or education and so on." とは言っているが，B の「芸術，演劇，ファッション」には全く触れていない。

A. 言語とコミュニケーション　B. 芸術，演劇，ファッション
C. 神話と伝説　D. 社会的行動

40. 解答：C

解説 "In our course we will use six different aspects of culture to define several cultures." と話していることから，文化とは何かについての授業と理解できる。したがって，正解は C となる。

A. 日本文化の紹介　B. 異文化コミュニケーション
C. 文化とは何か　D. グローバル文化の終えん

ナレーション

Good morning everyone. Today we will start our course in earnest. We often hear words or expressions like multi-cultural, global culture, culture shock, and so on. But what does the word 'culture' really mean? It is difficult to explain, isn't it?

One common definition is 'culture is the attitudes and behavior shared by a group of people'. 'A group of people' Ahhh! We are already in trouble because the country name does not necessarily designate the culture. True, we often say Japanese culture because many aspects of it are shared by nearly all Japanese wherever they are.

In contrast, we often wrongly say American culture when we mean American pop culture. In truth, America has many distinct cultures inspired by peoples from all parts of the world. More correctly, the US is a multicultural society.

In our course we will use six different aspects of culture to define several cultures. First, we will pick a culture and study the language and the way people communicate with each other. Next up will be the history, myths and legends. Third will be social behavior such as attitudes to work or education and so on.

I'm sure the course will be interesting! ....

Questions 36. Who is most likely listening to the talk?

37. What is a common misunderstanding about culture expressed in the talk?

38. How many other aspects of culture will the course cover?

39. What is an aspect of culture NOT mentioned in this talk?

40. What would be an appropriate title for this course?

語句 in earnest: 本格的に　designate: を示す，意味する　pop culture: ポップカルチャー，大衆文化　multicultural society: 多文化社会　next up is ...: さて次の話題は～

訳例　皆さん，おはようございます。きょうから本格的な授業がスタートします。マルチカルチュラル，グローバルカルチャー，カルチャーショックなどの言葉や表現をよく耳にしますが，その'カルチャー'に一体どのような意味があるのでしょうか。説明するのが難しいですね。

一般的な定義の1つに，'カルチャー'はある集団が共有する考え方や行動であるというのがあります。'ある集団'ですって！　もうすでに厄介なことになっていいます。というのは，国名が必ずしもその国の文化を表しているとは言えないからです。確かに私たちはときどき日本文化と言います。というのは，どこに住んでいてもほぼ全ての日本人が日本文化の大半を共有しているからです。

それに対して，私たちは，アメリカンポップカルチャーという意味で，しばしば間違えてアメリカンカルチャーと言います。確かに，世界の各地各国から来ている民族に端を発する多くの異文化がアメリカにあります。もっと正確に言えば，アメリカは多文化社会なのです。

授業ではいくつかの文化の意味を明らかにするために，文化の異なる６側面を取り扱います。初めに，ある文化を取り上げ，そこの言語および人々のコミュニケーションの仕方を検討してみようと思います。次に，歴史，神話，伝説を取り上げます。３つ目に仕事や教育などに対する考え方など社会的行動を取り上げます。

楽しい授業になりますよ。

質問　36. この話を聞いている人は誰の可能性が一番高いか。
　　　37. この話で言われている，文化についてよくある誤解は何か。
　　　38. この授業で取り扱われる他の文化的側面はあといくつあるか。
　　　39. この話に出てこない文化の一側面は何か。
　　　40. この授業のタイトルとしてふさわしいのは何か。

V

４つの選択肢の中から，
以下のそれぞれの英文の（　　　）に入る最も適切なものを選びなさい。

41.　解答：D

解説　almost は be 動詞・助動詞を修飾する場合はその後に置かれるが，通例，修飾する語句の前に置かれる。ここでは a third (of ～)「(～の) ３分の１」を修飾している。したがって，正解は D となる。

訳例　2018 年にノルウェーで販売された新車のほぼ３分の１が純電気自動車です。

42.　解答：B

解説　on average で「平均して」，per month で「１カ月あたり」の意味。したがって，正解は B となる。

訳例　最近の調査によると，残業は月平均 15 時間５分が妥当だと日本人男性は思っている。

43.　解答：B

解説　exposure to ～ で「～に身を置く（さらす）こと」，air pollution で大

気汚染の意味。したがって，正解はBとなる。

訳例　大気汚染にさらされることで，毎年世界中で700万人が亡くなっている。そして，これにより地球全体で約5兆1,100億米ドルに相当する厚生関係の損失を被っている。

44.　解答：A

解説　overは「争い」や「関心」を示す語と共に用いられて「〜について，をめぐって」の意味，safety concernsで「安全上の懸念」の意味。したがって，正解はAとなる。

訳例　欧州航空当局が安全上の懸念からトルクメニスタン航空の運航を一時停止したことで，火曜日，何百人もの乗客がイギリスに足止めを食らうことになった。

45.　解答：B

解説　kick back and relaxで「のんびりくつろぐ」の意味。したがって，正解はBとなる。

訳例　主な旅行市場10カ所への旅行者8,000人を調査したところ，次の空の旅がゆっくりくつろげる機会となるかどうかは，その人の住んでいる場所によって異なるという結果となった。

VI

下線を引いた単語または語句の中から，
文法的もしくは慣用的に不適切なものを選びなさい。

46.　解答：C

解説　(C) whichの先行詞はSeoulで，その先行詞を後続の文にもどしてみると“an acute increase in pollution has caused alarm (in Seoul)”となる。したがって，which（関係代名詞）をin whichあるいはwhere（関係副詞）にする必要がある。

訳例　ムン・ジェイン韓国大統領は，汚染状況が警鐘を鳴らすレベルまで上昇しているソウルでは，ソウルの空気浄化のために人工降雨を活用する，中国との共同事業を打ち出しました。

47.　解答：C

解説　この文脈ではto helping 〜は「〜の支援で」（不定詞の目的を表す副詞的用法）と解するのが妥当。したがって，to helpingをto helpにする必要がある。

訳例　火曜日，安倍晋三首相とポール・カガメ大統領は，ルワンダの水道施設の建設を支援するために最大で31億9,100万円の資金援助をすることで同意しました。

48.　解答：D

解説　biomedical technological の biomedical と technological の両方が形容詞であることから，形容詞＋名詞にする必要がある。したがって，technological を technology にする。

訳例　遺伝子編集ベビーを作るための援助を中国科学者が求めたことが世界の科学界を混乱させたため，中国は遺伝子編集や他の危険が潜む生物医学技術に関する規制案を発表した。

49.　解答：A

解説　in danger of ～ で「～の危険にさらされている」の意味の熟語。したがって，dangers を danger にする必要がある。

訳例　火曜日，絶滅危惧にある日本ウナギが，絶滅危惧の恐れのある野生動植物の国際取引を規制するワシントン条約の対象にならないことが分かりました。

50.　解答：C

解説　bilaterally trade（二国間貿易）の trade は名詞なので，その名詞を修飾している bilaterally（副詞）を形容詞の bilateral にする必要がある。

訳例　習近平国家主席が，2023年までに二国間取引を100億ドルまで増加させる計画の一環として，今年カンボジアから40万トンのコメを輸入することで同意したと，カンボジアのフン・セン首相は述べました。

Ⅶ-A　『わかりやすい国連の活動と世界［改訂版］』から得た知識に基づき，(A)～(D) から空欄を埋めるのに最も適切なものを選びなさい。

51.　解答：A

解説　国際司法裁判所について，国連憲章第14章第92条に「国際連合の主要な (integral) 司法機関である」と述べられている。

A. 主要な　B. 予想外の　C. 不公平な　D. 明白な

52.　解答：B

解説　国際司法裁判所の管轄権は，加盟国が裁判所に付託する全ての問題，国連憲章または現行の条約や協定に定められた全ての事項に及ぶ（cover）ことになっている。

A. 依頼する　B. 及ぶ　C. 降り注ぐ　D. 紹介する

53. 解答：A

解説 特別な事件の場合，加盟国は国際司法裁判所への付託を条件とする条約や協定に調印する（signing）か，同様の趣旨の特別宣言をして初めて裁判所の管轄権を義務として受け入れることができる。

A. 調印する　B. 壊す　C. 雇用する　D. 請求する

54. 解答：D

解説 国際司法裁判所の 15 人の裁判官は，総会および安全保障理事会が個々に行う投票によって選ばれる（elected）ことになっている。

A. 解雇される　B. 設立される　C. 提案される　D. 選出される

55. 解答：B

解説 15 名の裁判官について，同一国籍（nationals）の裁判官が 2 名選出されることはない。

A. 教授　B. 国籍の人　C. 犯罪者　D. 研究者

訳例　オランダのハーグにある国際司法裁判所は，国連の主要な司法機関である。この裁判所の機能は，国際連盟の時代の常設国際司法裁判所規程に基づいて作成され，現在の国連憲章の（51）重要な一部をなす規程に定義されている。

国際司法裁判所の管轄権は，国が裁判所に付託する全ての問題，国連憲章または現行の条約や協定に定められた全ての事項に（52）及ぶ。国は特別な事件の場合，裁判所への付託を条件とする条約や協定に（53）調印するか，または同様の趣旨の特別宣言を行うことにより，事前に裁判所の管轄権を義務として受け入れることができる。このような義務管轄権を受け入れる宣言では，ある種の事件は除外されることがある。

国際司法裁判所は，総会および安全保障理事会が個々に行う投票によって（54）選出された 15 人の裁判官によって構成される。裁判官は，国籍によってではなく個々の資格によって選出されると同時に，世界の主要な法体系の代表が揃うよう配慮されている。同一（55）国籍の裁判官が 2 人選出されることはない。裁判官の任期は 9 年で，再選されることもある。裁判官は任期中に他の職業に就くことはできない。

『わかりやすい国連の活動と世界［改訂版］』p.55

Ⅶ-B 『わかりやすい国連の活動と世界［改訂版］』から得た知識に基づき，4つの選択肢から空欄を埋めるのに最も適切なものを選びなさい。

56. 解答：C

解説 フランクリン・D・ルーズベルト米大統領の発案により，「国際連合」という名称が1942年に正式採用となった。

A. トリグベ・リー初代国際連合事務総長

B. 著名な米国実業家ジョン・D・ロックフェラー

C. フランクリン・D・ルーズベルト元米大統領

D. エリック・ドラモンド初代国際連盟事務総長

『わかりやすい国連の活動と世界［改訂版］』p.29参照

57. 解答：A

解説 国連憲章は，1945年6月26日にサンフランシスコで調印された。

A. サンフランシスコ　B. ニューヨーク　C. ロンドン　D. パリ

同上p.29参照

58. 解答：D

解説 国際連合に日本が加盟したのは，1956年12月18日である。

A. 1945年10月24日　B. 1947年10月31日

C. 1950年6月25日　D. 1956年12月18日

同上p.31参照

59. 解答：B

解説 総会は，安全保障理事会の勧告に基づき5年の任期で事務総長を任命することになっている。

A. 事務局　B. 安全保障理事会

C. 信託統治理事会　D. 国際司法裁判所

同上p.48参照

60. 解答：C

解説 国連総会で使用される言語は，英語，フランス語，ロシア語，スペイン語，中国語，そしてアラビア語であり，演説や文書は全てこの6言語に翻訳されることになっている。

A. ドイツ語　B. イタリア語　C. アラビア語　D. ポルトガル語

同上p.31参照

VIII-A

以下の各英文を読み，下記のそれぞれの質問に答えなさい。
下記の英文を挿入するのに最も適した箇所を，(A)～(D) から選びなさい。

Passage 1

61. 解答：D

解説 挿入文のthat wayに注目。その直前で“let us raise awareness about ～.”（～に対する認識を高めよう）と呼び掛け，そうすることで（that way）「我々は次世代にこの生態系サービスを渡すことができる」，このような論理展開になっていると理解できる。したがって，正解はDとなる。

62. 解答：A

解説 挿入文はこのパラグラフのトピックセンテンスの役割を果たしており，挿入文のindispensable ecosystem servicesの具体的内容がそれ以降に述べられていると解することができる。したがって，正解はAとなる。

63. 解答：C

解説 挿入文のFor exampleに注目。(C) の直前で「解決策はある」と述べ，その解決策の具体的事例に触れているのが挿入文と解することができる。したがって，正解はCとなる。

語句 marine species: 海洋生物　ecosystem services: 生態系サービス　biodiversity: 生物多様性　sustenance: 滋養，食物　overexploitation: 乱獲，捕り過ぎ　overfish: 魚を乱獲する　albatross: アホウドリ　fish stock: 水産資源　the Convention on International Trade in Endangered Species of Fauna and Flora (CITES): ワシントン条約（絶滅のおそれのある野生動植物の種の国際取引に関する条約）　the Convention on Biological Diversity: 生物多様性条約

訳例　(A) 海洋生物は，なくてはならない生態系サービスを提供してくれます。プランクトンは酸素で大気の質を高めてくれます。また，30億人以上の人が食

物や生活を海洋や沿岸の生物多様性に依存しています。海洋や沿岸資源そしてそれらが支えている産業は，少なくとも世界の GDP の 5%，3 兆米ドルに相当するとみられています。

海洋および沿岸のエコシステムの持続的管理および保護は，SDG 第 14 目標のターゲットになっています。(B) いま，気候変動，公害，沿岸生息地の減少，海洋生物の乱獲など，さまざまなものから海洋生物は厳しいプレッシャーを受けています。商業用漁獲高の 3 分の 1 ほどが乱獲であり，他の多くの種——アホウドリから亀まで——が海洋資源の持続不可能な利用により危険にさらされているのです。

幸いなことに解決策はあります。(C) 例えば，漁場が科学的に管理されているところでは，水産資源の大半は回復の見込みが十分あります。ワシントン条約（CITES：絶滅のおそれのある野生動植物の種の国際取引に関する条約）が海洋生物への規制を強化しています。また，生物多様性条約（CBD）ではポスト 2020 生物多様性世界枠組の策定に取り掛かっています。

この世界野生生物の日にあたり，海洋生物が非常に多様であること，そして持続可能な開発に海洋生物が極めて重要であることに対する認識を高めていきましょう。(D) そうすることで，私たちは次世代にこの生態系サービスを提供し続けることができるのです。

Ⅷ-B

Passage 2

64. 解答：B

解説 treat はこの文脈では deal with something（LONGMAN Dictionary of Contemporary English，以下 LDCE と記す）と解するのが妥当。したがって，この意味に近いのが B と言える。

A. 検討する　B. 対処する　C. 関心を持つ　D. 接待する

65. 解答：D

解説 divert はこの文脈では to deliberately take someone's attention from something by making them think about or notice other things（LDCE）と解するのが妥当。D の distract にも to take someone's attention away from something by making them look at or listen to something else（LDCE）の意味がある。したがって，正解は D となる。

A. 捕まえる　B. 楽しませる　C. 支払う　D. そらす

66.　解答：C

解説 fuel はこの文脈では to make something, especially something bad, increase or become stronger（LDCE）の意味と解するのが妥当。したがって，これに近いのは C と言える。

A. ミサイルを空中に送り出す　B. ガソリンを車に入れる
C. 物事を悪化させる　D. やりたかったことをやる

67.　解答：B

解説 contribute はこの文脈では to help to make something happen（LDCE）と解するのが妥当。したがって，正解は B となる。

A. お金を寄付する　B. 何かが起こる手助けをする
C. 新聞記事を書く　D. 物の量を制限する

68.　解答：B

解説 institution はこの文脈では a large organization that has a particular kind of work or purpose（LDCE）と解するのが妥当。したがって，正解は B となる。

A. 公聴会　B. 組織　C. 伝統　D. 関係

69.　解答：D

解説 step はこの文脈では one of series of things that you do in order to deal with a problem or to succeed（LDCE）と解するのが妥当。これに最も近いのが D と言える。

A. 玄関前の階段　B. 階段　C. 局面　D. 方策

70.　解答：A

解説 incite はこの文脈では to deliberately encourage people to fight, argue etc.（LDCE）と解するのが妥当。したがって，正解は A となる。

A. 仕向ける　B. 驚嘆させる　C. 禁止する　D. 怒る

語句 Myanmar: ミャンマー　U.N. Special Rapporteur: 国連特別報告者　Yanghee Lee: イ・ヤンヒ　evenhandedly: 公平に，公正に　Rohingya Muslim: イスラム教徒のロヒンギャ　exodus: 集団脱出　genocidal: 大量虐

殺　insurgent group: 反政府グループ　fuel: あおる，刺激する　stated aim: 公式目標　the U.N. Human Rights Council: 国連人権理事会　proliferate: 急速に増殖させる　incite: あおり立てる

訳例　火曜日，国連特別報告者イ・ヤンヒ氏は，Facebook（フェイスブック）がミャンマーの紛争関係者を公平に（64）扱うことができていないことを示唆し，ソーシャル・メディア企業や外国人投資家はミャンマーの人権の支援にさらなる努力をする必要があると述べた。

ミャンマーは外国人投資家を呼び込もうと努力する一方で，2017年から国外に逃亡している73万のイスラム教徒ロヒンギャから注意を（65）そらそうとしている。国連報告書には，集団脱出は「大量虐殺」を意図した軍事行動に原因があると述べられているが，ミャンマー政府はそれを否定している。

紛争を（66）あおる内容を阻止する措置を十分取っていないと非難されると，Facebookは今月，ミャンマー軍隊と争いになっている反政府4団体からのアクセスをすでに禁止していたと語ったが，イ氏は，ミャンマー軍隊と同盟武装勢力のアクセスが同様に禁止されなかったことが懸念されると述べた。

「この差別的禁止は，緊張緩和という公式目標の達成に逆行し，少数民族に不公平感を（67）もたらす可能性がある」と，イ氏は3月11日に国連人権理事会に提出する予定の報告書で述べている。

「軍隊とつながっている公的（68）機関，その支持者，過激な宗教団体，そして政府職員は，Facebookでヘイトスピーチや誤った情報を拡散し続けている。」

ミャンマーのFacebookから「扇動家，扇動組織・軍当局者」を締め出すための（69）対策をすでに講じていると，Facebookは語っている。調査は現在進行中で，ブラックリストに載っている4団体に限定されているわけではない。

誰であろうとも，暴力を（70）あおり，助長する目的でFacebookを使用する人が誰もいなくなることを願っている，とFacebook社は声明で述べている。

IX　以下の英文を読み，下記のそれぞれの質問に答えなさい。

【長文問題の解答対策】

120分という限られた試験時間の中で，最終問題のessay writing直前にこの長文問題があることを踏まえると，時間不足が懸念される。時間配分を考えて臨むことが大切。

最初に質問と選択肢に目を通し，概要をつかんでから本文を読むのが効率的

かもしれない。最後の質問No. 80以外は各パラグラフの内容に関するもので，しかもパラグラフ順に問われていることから，各パラグラフと選択肢を照らし合わせていけば難なく解答できる。

英文，扱われている内容，専門用語などが年度・回数によって異なることもあるが，この種の英文を読み慣れていれば戸惑うことは少ないと思う。

71. 解答：D

解説 "Yet, for nearly a quarter-billion children around the world, including tens of millions in Sub-Saharan Africa, such basic rights are unattainable luxuries." とあり，このsuch rightsは直前の "A name, an official identity, and nationality" を指していると理解できる。したがって，正解はDとなる。

第1パラグラフで述べられているのは次のどれか。
A. 未登録児童はパスポートを手にすることができない。
B. 子どもが氏名を有する権利を理解することは大切である。
C. アフリカ各国は言論の自由を促進するために努力してきた。
D. 正式な身分証明書を所有していない子どもが世界に多くいる。

72. 解答：D

解説 世界で2億3,000万人いる5歳以下の未登録児童について，"Asia is home to 59% of these unregistered children and Sub-Saharan Africa a further 37%. All of them grow up 'invisible', even to their own country." と述べられていることから，正解はDとなる。

第2パラグラフで述べられているのは次のどれか。
A. 生まれた時点から子どもに国籍を持つ権利がある。
B. 自分の身元を証明する権利は平等に不可欠な条件である。
C. 出生届は基本的人権である。
D. 未登録児童が一番多く見受けられるのはアジアである。

73. 解答：C

解説 出生届率が低い理由として，rural areas, income, ethnic-minority,

refugee families などが挙げられていることから，正解は C となる。

第 3 パラグラフから言えることは何か。
A. 児童労働者の数が一番多いのはアフリカである。
B. アフリカの出生届手続は複雑である。
C. 出生届の割合に影響を及ぼしている要因はさまざまである。
D. リベリアの多くの子どもは教育などの基本的権利にアクセスできる。

74. 解答：B

解説 出生届を出さない理由について，“Many parents, owing either to lack of education or ignorance of official procedures, settle ...” と説明されていることから，正解は B となる。

第 4 パラグラフで述べられているのは次のどれか。
A. 出生届に対する戦争の影響はそれほど大きくない。
B. 子どもの出生届を出す方法を知らない親が多い。
C. 年齢を重ねるにつれて子どもたちは登録されるようになる。
D. 地方生まれの子どもにはデジタル出生届システムが必要である。

75. 解答：A

解説 “They (= children who have no birth certificate) find it extremely hard to gain access to basic services such as health care, education, ～” と述べられていることから，正解は A となる。

第 6 パラグラフに述べられているのは次のどれか。
A. 出生届のないことが子どもたちから教育の権利を奪っている。
B. ソマリアやエチオピアの人権に関する状況が改善してきている。
C. 難民の子どもたちを登録させるためにアフリカで大掛かりな取り組みが始まっている。
D. 児童婚がまだ世界中で起きている。

76. 解答：C

解説 “some countries, including Côte d’Ivoire, have established 'mobile court hearings' that travel around the country and allow unregistered people to receive a birth certificate." と述べられているが，この mobile court hearings は届けを出すのに大変な遠隔地に住む人々の利便性のためと推察できる。したがって，正解は C と言える。

第 7 パラグラフから言えるのは次のどれか。

A. 出生届の大切さは何十年も前から認められている。

B. いくつかのアフリカの国で 10 年前から男女格差が広がってきている。

C. 出生届の障害になっているのが登録施設までの距離が遠いことである。

D. アフリカの教育向上に向けて革新的なアプローチが用いられている。

77. 解答：A

解説 "developing effective and sustainable initiatives requires the full commitment of African governments, policymakers, and non-governmental organizations, as well as the continued engagement and assistance of international agencies." と述べられていることから，正解は A と言える。

第 8 パラグラフで述べられているのは次のどれか。

A. アフリカの出生登録の改善にはさまざまな部門による対応が必要である。

B. ユニセフはアフリカの出生登録向上に十分な対応をしていない。

C. アフリカ全土の子どもの 5 分の 1 が児童労働に巻き込まれている。

D. ユニセフ西・中央アフリカ地域事務所代表は著者を高く評価している。

78. 解答：C

解説 "Its projects in Côte d'Ivoire include the Children's Hut in Abidjan, health-care initiatives such as ophthalmological caravans and the Mother-Child Hospital of Bingerville, and educational schemes such as a Bibliobus and school supply kits." と述べられており，この Its projects の Its は the Children of Africa Foundation を指していること

から，正解はCとなる。

第9パラグラフで述べられているのは次のどれか。
A. 著者はアジアやアフリカで活動している組織を運営している。
B. コートジボワールで「無視された」子どもの数が増えている。
C. アフリカ児童基金は教育プロジェクトを行っている。
D. コートジボワールは家庭や職場の平等を促進しようとしている。

79. 解答：D

解説 世界に2億3,000万人の無国籍児童がいるのはglobal crisisであり，その解決には“Only by upholding for all children their most basic right — an identity — can we ensure that no child is left behind.” と述べられていることから，正解はDと言える。

第11パラグラフから言えることは次のどれか。
A. 子どもへの投資はアフリカの発展と開発の基盤になるはずだ。
B. 水に対する権利は子どもの良好な健康，生存，健全な成長に不可欠である。
C. 社会不安が絶え間ない国で子どもの登録割合が低いのは驚くに値しないかもしれない。
D. 国際社会は世界の出生届の向上に力を入れるべきだ。

80. 解答：A

解説 基本的権利であるはずの名前，公的身分証明，国籍のない子ども（本文で彼らを “invisible” children と表現している）が世界に多くおり，彼らを救うのが国際社会の責任である，これがこの記事の趣旨と言える。したがって，正解はAとなる。

この記事に最適な見出しは次のどれか。
A. 無視された子どもたち　　B. アフリカの児童労働
C. 名字を持つ権利　　D. アフリカの子どもの教育

語句 prone: ～する傾向がある　bureaucratic: 官僚的な，お役所仕事的な

ethnic-minority: 少数民族　refugee family: 難民家族　civil registry: 市民台帳　settle for ～: ～に甘んじる，～でよしとする　maternity hospital: 産科病院　internal displacement: 国内避難民　civil registry: 市民登録　in anonymity: 匿名で　be condemned to ～: ～を余儀なくされる，～するよう運命づけられている　mistreatment: 虐待　trafficking: 密売，人身売買　one-size-fits-all: 全ての人にあてはまる，画一的　Cote d'Ivoire: コートジボワール　court hearing: 法廷審問　inextricably: 密接に　civil-society organization: 市民社会組織，民間組織　vulnerable: 脆弱（ぜいじゃく）な，弱い　ophthalmological: 眼科の　Bibliobus: ビブリオバス，移動図書館　follow suit: 先例に従う

訳例　（それぞれの番号はパラグラフの番号である）

1. だれからも認知してもらえる氏名，公的身分証明，国籍，こうしたものを当たり前のものだと私たちは思っていますが，サハラ以南のアフリカに住む約数千万人の子どもに加え，世界でおよそ２億5,000万人の子どもにとって，このような基本的権利が手の届かない，ぜいたくなものとなっています。
2. ユニセフによると，全世界の約３分の１にあたる，約２億3,000万人に及ぶ５歳以下の子どもの出生が登録されていません。この未登録児童の59%がアジアに，さらに37%がサハラ砂漠以南のアフリカに住んでいます。彼ら全員が母国にも「(存在を) 無視されて」育っているのです。
3. この問題はとりわけアフリカのいくつかの国で深刻です。公的身分証明書を持っている子どもは，例えばソマリアで3%，リベリアで4%，そしてエチオピアで7%に過ぎません。登録の割合は，アフリカでも他の国でも地域によって大きく異なります。地方で生まれた子どもは，行政中心地から遠く離れていることがよくあるのですが，都会に住む子どもよりも登録される可能性が低くなります。もう１つの要因に収入があります。下から20パーセントの極貧家庭に生まれた子どもたちは，お役所的仕事の隙間から滑り落ちてしまう傾向がさらに高くなるようです。少数民族あるいは難民家族の子どもたちは市民台帳に記載される可能性がさらに低くなるようです。
4. 未登録の主な理由は分かっています。多くの親は，教育の欠如や正式手続きに関する無知により，宗教的，伝統的儀式，または産科病院の発行する出生記録などでよしとしているのです。その問題は，政治的危機，戦争，国内避難民によってさらに悪化しています。とりわけ子ども連れで避難を余儀なくされている親は出生登録に関心を示さなくなります。
5. しかし，その結果が大変なことになります。未登録児童は名前がない状態で生まれ，生活し，亡くなっていくのです。自分たちの身体的かつ法的存在に国から気づいてもらえないまま，社会の周縁で生きていくことを強い

られることが多いのです。

6. 出生証明書を持たない子どもは自分の年齢，親子関係，身元を証明することができないのです。パスポートのような公式書類も手にできないのです。彼らにとって医療，教育，社会福祉のような基本的サービスを受けることは非常に難しいのです。未登録児童はまた，差別や虐待を真っ先に受けるのです。年齢証明ができないことから，彼らはしばしば児童就労，人身売買，そして少女は強制結婚の犠牲者となることがあるのです。

7. アフリカ各国は国民の登録率向上に努力していますが，2つの基本原理に留意しておくことが大事です。1点目です。国内だけでなく各国間に存在する大幅な登録格差に対する汎用的な解決法はありません。しかし，ある国でうまくいったアプローチは他の国に刺激を与えることはあり得ます。たとえば，コートジボワールを含むいくつかの国では，未登録の人々が出生証明書を受け取ることができるように，全国を駆け巡る「移動型法廷審問」を設けています。

8. さらに，効果的で持続可能なイニシアティブを開発するには，国際機関による継続的関与や支援はもちろんのこと，アフリカ各国政府，政策立案者，NGO の全面的コミットメント（関与）が必要です。このような理由から，昨年 10 月に私は，その献身ぶりと仕事ぶりを高く評価している，ユニセフ西・中央アフリカ地域事務所のマリー・ピエール・ポワリエ代表に会ってきました。そして，出生登録，全ての子どもを対象とした出生証明書の発行，児童就労との闘い──これらは密接につながっているのですが──など，その地域で生活している子どもの権利の実態について話し合ってきました。

9. 市民社会組織や NGO にはアフリカの膨大な数の「無視されている」子どもを減らすのに重要な役割があります。私が会長を務めるチルドレン・オブ・アフリカ財団は，恵まれない，脆弱な立場にある子どもたちに手を差し伸べるために 20 年前に設立され，現在はアフリカの 12 カ国で活動しています。アビジャンの子ども小屋，眼科キャラバン，バンジェビル母子病院などの医療イニシアティブ，そしてビブリオバス（移動図書館）や学用品等の教育計画が，コートジボワールのプロジェクトには含まれています。

10. また，私は，コートジボワールの内務大臣および法務大臣と共に，第 6 学年のクラスにいる子どもなら誰でも修了書が取得できる大プロジェクトを立ち上げました。そうすることで，子どもたちは出生証明書を手にすることができるようになります。私たちの希望はアフリカの他の国が後に続いてくれることなのです。

11. はっきりしていることは，世界中にいる 2 億 3,000 万人の未登録児童が世界的に早急に解決が必要な危機的状況にあるということです。どの事例も人種差別あるいはもっと深刻な状況にさらされる危険性があり，それが一生涯続く可能性があるような精神的ダメージにつながる，そのような悲劇となるのです。全ての子どもにとって最も基本的な権利――身元――を守ることによってのみ，取り残される子どもがいなくなるのではないでしょうか。

X 以下の質問に対して，80～100語の短いエッセイを英語で書きなさい。

質問：最近の世界ニュースの中で幸せに思う，残念に思う，あるいは心配に思うニュースは何か。それはなぜか。　(語数を記入する必要はありません)

【Essay writing 問題の解答対策】

essay writing では introduction, body part, そして conclusion の3パート構成が基本。introduction では質問に対する自分の考えを簡潔に述べる。body part では，その理由・根拠を具体的に示す。そして，conclusion では，introduction で述べた考えを再度確認，補強するような展開にする。

時事問題，とりわけ国連関係の出来事には日ごろより関心を持ち，そして自分なりの考え・意見を持つようにしておきたい。

解答例 The incidents between police and demonstrators in Hong Kong and the attitude of the government toward the demonstrations have made me sad and disappointed.

The more often the demonstrations have been held, the more participants have joined them, which seems to show the majority of all the people are against 2019 Hong Kong extradition bill. Also, these chaotic clashes have caused the death of demonstrators and police. However, the government has tried to handle the situation without repealing the bill.

The government should state that it is repealing the bill to protect the democracy of Hong Kong.

構成 ① introduction: 香港の「逃亡犯条例」改正案に関する混乱，デモを残念なニュースとして挙げた。

② body: 改正案反対のデモがこれだけ長期間続き，それに加わる参加者もますます増えている実態を踏まえると，非常に多くの香港市民がこの改正案に反対していることがうかがえる。そして多数の死傷者が出ているにもか

かわらず，香港政府は明確な改正案撤退意思を示さないまま事態収拾を図ろうとしている。

③ conclusion: 香港の民主主義を守るためには，香港政府は「逃亡犯条例」改正案の撤退を明言すべきである。これを結論とした。

2019年B級第1回試験　正解一覧

Ⅰ

1. C　2. C　3. B　4. A　5. B　6. D　7. A　8. C　9. A　10. D

Ⅱ

11. C　12. A　13. B　14. B　15. A　16. C　17. D　18. B　19. D　20. D

Ⅲ

21. A　22. D　23. C　24. D　25. A　26. C　27. B　28. A　29. D　30. B

Ⅳ

31. C　32. B　33. A　34. B　35. C　36. A　37. D　38. D　39. B　40. C

Ⅴ

41. D　42. B　43. B　44. A　45. B

Ⅵ

46. C　47. C　48. D　49. A　50. C

Ⅶ-A

51. A　52. B　53. A　54. D　55. B

Ⅶ-B

56. C　57. A　58. D　59. B　60. C

Ⅷ-A

61. D　62. A　63. C

Ⅷ-B

64. B　65. D　66. C　67. B　68. B　69. D　70. A

Ⅸ

71. D　72. D　73. C　74. B　75. A　76. C　77. A　78. C　79. D　80. A

2019年
第2回試験
問題

B級試験問題用紙

外務省後援

２０１９年度第２回国際連合公用語

英語検定試験 (120分)

受験上の注意

1．問題用紙は試験開始の合図があるまで開いてはいけません。その間に、この**受験上の注意を熟読しておいてください。**

2．**受験番号と氏名を２枚の解答用紙（マークシートと作文用紙）**に記入してください。

3．解答用紙の配布は１人１部のみです。複数の配布は致しません。

4．試験開始前は、答案への解答記入は禁止です。

5．マークシートの記入は、１～100までの記入箇所がありますが、この級では１～80までを使います。

6．マークシートの記入は、必ずＨＢ以上の濃い鉛筆を使って該当箇所を黒く塗りつぶしてください。書き間違いの場合は「アト」が残らないように消してください。マークシートは絶対に折ったり曲げたりしないでください。

7．受験級、受験地区、会場番号、受験番号のマークシートへの記入は監督者の指示に従い、間違いなく記入してください。**(裏表紙の「マークシート記入例」参照)**

8．作文は、⑴ 読みやすい文字をペン、ボールペンまたはＨＢ以上の濃い鉛筆で書いてください。
⑵ 使用語数の80～100語を目安にしてください。

9．試験問題についての質問は、印刷が不鮮明な場合を除き、一切受けつけません。

10．中途退室の際は、マークシートと作文用紙を持って監督者に渡し、他の受験者の迷惑にならないように静かに退室してください。中途退室後の再入室はできません。

11．試験中は他の受験者の妨げとなる行動は慎んでください。また携帯電話等の電源はお切りください。

12．マークシートと作文用紙は監督者に提出し、問題用紙はご自由にお持ち帰りください。

＊試験問題の複製や転載、インターネットへのアップロード等、いかなる媒体への転用を禁止します。

リスニングテストについて

1．リスニングテストは試験開始後、合図があってから実施されます。(40問あります)

2．リスニングテストが始まる前にリスニング問題の指示と内容を読んで、どういう形式のテストなのか、概要をつかんでおいてください。

3．テスト中の発言は、放送機器の具合が悪く放送された英語の聴き取りができない場合を除いて、しないようにしてください。

試験結果について

1．試験の結果は2019年11月27日㈬頃に受験申込書に記載された住所に郵送で通知します。

2．その間に住所変更をされた方は、郵便局へ住所変更の届け出を忘れずに行ってください。

3．発表前の試験結果のお問合せには応じられません。

I. Directions: You will hear 10 statements or questions. For each statement or question, choose the most appropriate response and mark your answer on your answer sheet.

1. A. Let's eat at the food court. B. It's about five kilometers.
C. I'll see you around 3 p.m. D. By the fountain is fine.

2. A. I like cycling, too. B. We put bottles out on Wednesday.
C. I'm sure I can help. D. It is every second Tuesday.

3. A. My car is just over there. B. You should use airmail.
C. I'd like the red one. D. Let's pack tonight.

4. A. Rome wasn't built in a day.
B. Please use your computer.
C. Quality, not quantity. Remember?
D. I'll give you some extra paper.

5. A. Can you give me some directions?
B. It was really nice to meet him.
C. What do you think he wants?
D. Head office will be paid next week.

6. A. It's always difficult in the beginning.
B. I always thought you were tall.
C. The shallow end of the pool is safer.
D. I'm glad it is going well.

7. A. Let's take the day off. B. Yesterday's aren't finished yet.
C. This restaurant is always slow. D. Actually, they aren't in order.

8. A. We manufacture smartphones.
B. A certified inspector comes regularly.
C. My screen keeps going black.
D. John will give you the safety manual.

9. A. I think it will be 33 degrees. B. I'm terrible with money.
C. I graduated in 2010. D. I don't agree with you.

10. A. Actually, I'm not married. B. Is my driver's license OK?
C. Don't you mean June? D. Here's a picture with my cat.

II. Directions: You will hear 10 short conversations. Choose the best answer for each follow-up question and mark your answer on your answer sheet.

11. A. Hitchhiking B. Train
C. Taxi D. Walking

12. A. Excited B. Cheered up
C. Unaffected D. Terrible

13. A. Give both drivers a traffic ticket
B. Interview witnesses to the accident
C. Analyze data from the drive recorder
D. Arrest the woman for reckless driving

14. A. Parents not liking music
B. Opposite ideas about money
C. Different ideas about raising kids
D. Choice of extra lessons

15. A. She should deposit more money.
B. Its value will fall.
C. She should buy a car.
D. It will increase in value.

16. A. Life Sciences B. Computer Science
C. Business Administration D. French Literature

17. A. Freedom of speech B. The right to a lawyer
C. The right to own a gun D. Freedom of the press

18. A. Apply for the accounting position
B. Remain in his current position
C. Consider positions at other companies
D. Quit his job and travel

19. A. The trees should be cut down. B. It is overstaffed.
C. The woman should move there. D. It is safe from layoffs.

20. A. To let some workers in B. To open the windows
C. To prepare the coffee machine D. To sweep the floor

Ⅲ. Directions: You will hear five conversations. After each conversation, you will hear two follow-up questions. Choose the best answer for each question and mark your answer on your answer sheet.

[Conversation 1]

21. A. An astronaut B. A doctor
C. A truck driver D. A teacher

22. A. An average house B. A cup of coffee
C. A trip to Hawaii D. A yearly pass for Disneyland

[Conversation 2]

23. A. Satisfying B. Ideal
C. Physical D. Insecure

24. A. Lack of experience
B. Mixing personal and work life
C. Riding to work with her father
D. Lack of computer skills

[Conversation 3]

25. A. A university professor B. A hair stylist
C. A politician D. A lawyer

26. A. She isn't married. B. She supports equal opportunity.
C. She distrusts men. D. She has a government job.

[Conversation 4]

27. A. Send him an e-mail B. Ask another student
C. Go to the department office D. Take an educated guess

28. A. Unreasonable B. Fair
C. Immature D. Easygoing

[Conversation 5]

29. A. Surprise B. Happiness
C. Disappointment D. Gratitude

30. A. Ease of use B. Low cost
C. Light weight D. Easier keyboard

Ⅳ. Directions: You will hear two short talks. After each talk, you will hear five follow-up questions. Choose the best answer for each question and mark your answer on your answer sheet.

[Talk 1]

31. A. A tour guide　B. A Spanish interpreter
C. An eco-tourist　D. A social studies teacher

32. A. How to pack for cold weather
B. Ecological ettiquette
C. Ecologically friendly packing
D. How to pack to prevent sunburn

33. A. Next week　B. The next day
C. In two days　D. Later the same day

34. A. To motivate the listeners　B. To tell a story
C. To state an opinion　D. To give instructions

35. A. Don't overpack.　B. Bring biodegradable soap.
C. Use reusable plastic bags.　D. Bring sunglasses.

[Talk 2]

36. A. A refugee　B. A troublemaker
C. A swimmer　D. A soldier

37. A. Syria　B. The United States
C. Vietnam　D. Venezuela

38. A. Running out of food　B. Drowning
C. Not having any food　D. Being attacked by a shark

39. A. It was too late.　B. She arrived by car.
C. She forgot her passport.　D. It was illegal.

40. A. Negative　B. Unrealistic
C. Positive　D. Neutral

V. Choose from among the four alternatives the one that best completes each of the following sentences.

41. A Japanese company has developed a wooden straw to join the global efforts to (　　　　　).

A. cut plastic waste on back
B. back plastic waste on cut
C. waste cut plastic back on
D. cut back on plastic waste

2019年
第2回
問題

42. Racial and ethnic diversity has increased among college faculty in the United States (　　　　　).

A. the past two over decades
B. over the past two decades
C. the two past decades over
D. two over the decades past

43. "With every language that disappears, the world loses (　　　　　)," the UN chief said.

A. a wealth of traditional knowledge
B. a knowledge of wealth traditional
C. knowledge traditional of a wealth
D. traditional wealth of a knowledge

44. Strong rain continued to fall in southern Kyushu on Monday as (　　　　　) remained stationary.

A. the front season rainy
B. the season rainy front
C. the front rainy season
D. the rainy season front

45. The Trump administration signed an agreement with Guatemala Friday that will restrict (　　　　　) from Central America.

A. asylum to the U.S. applications
B. applications to the asylum U.S.
C. asylum applications to the U.S.
D. U.S. asylum to the applications

Ⅵ. Choose from among the underlined words or phrases the one that is grammatically or idiomatically incorrect.

46. Zuzana Caputova, (A) the first female president of Slovakia, is (B) in favors of gay rights and (C) opposes a ban (D) on abortion in the conservative Roman Catholic country.

47. Facial recognition systems using artificial intelligence (A) is growing in use, enabling people (B) to pay for purchases (C) and pass airport immigration identification checks simply by (D) having their faces scanned.

48. Just 10 countries (A) were responsible for three-quarters of a global surge (B) in measles cases last year, the U.N. children's agency said Friday, (C) including one of (D) the world's richest nation, France.

49. OPEC and its allies led by Russia have been reducing (A) oil output since 2017 to prevent prices (B) from slide amid (C) soaring production from the United States, (D) which has become the world's top producer this year.

50. Thousands of people (A) protested in New Zealand on Saturday against (B) a proposed housing development on land seen as sacred to the indigenous Maori people, (C) despite efforts by Prime Minister Jacinda Ardern (D) to calming the dispute.

VII. **Choose the best answer from the choices marked (A), (B), (C), and (D) to fill in the blanks based on the knowledge gained from *Today's Guide to the United Nations*.**

The General Assembly is the main deliberative organ. It is composed of representatives of all Member States, each of which has one **(51)** ＿＿＿＿＿ . Decisions on important questions, such as recommendations on peace and security; election of non-permanent members of the Security Council; election of elective members of the Economic and Social Council and the Trusteeship Council; admission, **(52)** ＿＿＿＿＿ , and expulsion of Member States; and trusteeship questions and budgetary matters, are taken by a two-thirds majority of members present and voting. Other questions require a simple majority.

The General Assembly has no power to compel any government to take any action. Its influence is exercised through the weight of its recommendations as an **(53)** ＿＿＿＿＿ of world opinion.

The General Assembly may discuss any issue coming within the scope of the Charter of the United Nations or concerning any **(54)** ＿＿＿＿＿ established under the Charter. It may make recommendations to Member States or to the Security Council or to both, with one exception — it may not make recommendations on any **(55)** ＿＿＿＿＿ or situation which the Council currently has under consideration, unless the Security Council so requests.

51. A. chance　B. veto
C. vote　D. request

52. A. attention　B. prediction
C. conclusion　D. suspension

53. A. anniversary　B. expression
C. invention　D. destruction

54. A. body　B. charity
C. industry　D. company

55. A. law　B. dispute
C. judge　D. conference

2019年
第2回
問題

Choose the most appropriate of the four alternatives according to your knowledge and the information gained from *Today's Guide to the United Nations*.

56. The Hague is the seat of

A. the International Court of Justice
B. the Security Council
C. the Secretariat
D. the General Assembly

57. The precursor of the United Nations was

A. the Treaty of Versailles
B. the United Kingdom
C. the League of Nations
D. the First World War

58. The name "United Nations" was first officially used in

A. 1942
B. 1945
C. 1948
D. 1951

59. The languages which the Secretariat uses in its daily work are

A. English and Chinese
B. English and German
C. English and Arabic
D. English and French

60. The official seal and emblem of the United Nations is a map of the world, seen from

A. the equator
B. the South Pole
C. the North Pole
D. the United States

Ⅷ. Read each of the following passages and answer the questions that follow.

[Passage 1: Questions 61 to 63]

Science and gender equality are both vital for the achievement of the internationally agreed development goals, including the 2030 Agenda for Sustainable Development. Over the past 15 years, the global community has made a lot of effort in inspiring and engaging women and girls in science. **(A)**

At present, less than 30 percent of researchers worldwide are women. **(B)** Globally, female students' enrollment is particularly low in ICT (3 percent), natural science, mathematics and statistics (5 percent) and in engineering, manufacturing and construction (8 percent).

(C) As in the real world, the world on screen reflects similar biases — the 2015 Gender Bias Without Borders study by the Geena Davis Institute showed that of the onscreen characters with an identifiable STEM job, only 12 percent were women.

In order to achieve full and equal access to and participation in science for women and girls, and further achieve gender equality and the empowerment of women and girls, the United Nations General Assembly adopted resolution A/RES/70/212 declaring 11 February as the International Day of Women and Girls in Science. **(D)**

61. Choose the best place from among (A), (B), (C), and (D) where the following sentence can be inserted:

Yet women and girls continue to be excluded from participating fully in science.

62. Choose the best place from among (A), (B), (C), and (D) where the following sentence can be inserted:

Long-standing biases and gender stereotypes are steering girls and women away from science-related fields.

63. Choose the best place from among (A), (B), (C), and (D) where the following sentence can be inserted:

According to UNESCO data (2014-2016), only around 30 percent of all female students select STEM-related fields in higher education.

[Passage 2: Questions 64 to 70]

Panama on Saturday became the first Central American nation to ban single-use plastic bags to try to curb pollution on its beaches and help **(64) <u>tackle</u>** what the United Nations has identified as one of the world's biggest environmental challenges.

The isthmus nation of roughly 4 million people joined more than 60 other countries that have totally or partially banned single-use plastic bags, or introduced taxes to **(65) <u>dissuade</u>** their use, including Chile and Colombia in the region.

Supermarkets, pharmacies and retailers in Panama must stop using traditional polyethylene plastic bags immediately, while wholesale stores will have until 2020 to **(66) <u>conform to</u>** the policy approved in 2018. Fines can be applied for non-compliance but there are exceptions for the use of plastic bags for sanitary reasons, such as with raw food.

On the streets of Panama City, signs with the phrase "less bags, more life" reminded passersby that **(67) <u>the measure</u>** had gone into effect.

"This seems like a good measure because you avoid continuing to pollute the streets and the community," said Victoria Gomez, a 42-year-old secretary in downtown Panama City.

Birds, turtles, seals, whales and fish often become entangled or ingest the **(68) <u>remnants</u>** of plastic bags in Latin America, one of the most biodiverse **(69) <u>regions</u>** in the world. Along Panama's coast, it is common to see plastic waste littering beaches, especially near populated areas.

Given projected growth in consumption, without new anti-pollution **(70) <u>policies</u>** oceans are expected by 2050 to contain more plastics than fish by weight, according to the New Plastics Economy report published by Ellen MacArthur Foundation in 2016. The report also found that the entire plastics industry will consume 20% of total oil production by then.

64. In this context, the word "tackle" is closest in meaning to

A. attack　　B. persuade
C. deal with　　D. commence

65. In this context, the word "dissuade" is closest in meaning to

A. discourage　　B. promote
C. advise　　D. dismiss

66. In this context, the phrase "conform to" is closest in meaning to

A. revise　　B. comply with
C. impress　　D. collaborate with

67. In this context, the phrase "the measure" means

A. a law banning single-use plastic bags
B. fines applied for illegal parking
C. beaches covered with pollution
D. an action to collect plastic bottles on the street

68. In this context, the word "remnants" is closest in meaning to

A. feed B. remains C. keepsake D. means

69. In this context, the word "regions" is closest in meaning to

A. jungles B. suburbs C. areas D. concepts

70. In this context, the word "policy" is closest in meaning to

A. a contract with an insurance company
B. a piece of writing about a particular subject in a newspaper
C. a short well-known statement that gives practical advice about life
D. a set of plans or actions agreed on by a government, business, or other group

IX. Read the following passage and answer the questions that follow.
(1 ~ 9 indicate paragraph numbers.)

1 When the G20 leaders held their first summit in late 2008, many welcomed what looked like a diverse, highly representative new forum for crafting common solutions to global problems. The group acquitted itself well in responding to the global financial crisis, and, for a while, its emergence as a forum for international policy coordination seemed like one of the only silver linings of that mess.

2 I was certainly among those applauding the G20's initial achievements. Since 2001, when I identified the rise of the BRIC countries (Brazil, Russia, India, and China) as a key feature of the twenty-first-century world economy, I had been calling for a major overhaul of global governance structures. As I argued at the time, the continued dominance of the G7 (Canada, France, Germany, Italy, Japan, the United Kingdom, and the United States) was increasingly out of step with the complex world of the early 2000s. To this day, the G7's exclusion of China is a glaring omission, made worse by the presence of so many European countries, most of which share a currency and abide by the same fiscal- and monetary-policy rules.

3 Unfortunately, following the G20's summit in Osaka, Japan, last month, I cannot help but wonder whether that gathering, too, has lost its purpose. Indeed, the only relevant development to come from the summit was an agreement on the sidelines between US President Donald Trump and Chinese President Xi Jinping, who

brokered yet another "truce" in their countries' trade war.

4 Part of the problem, of course, is that global governance in general has been marginalized, now that the US has abdicated its role as the custodian of the international order. But there are also issues with the G20 itself. On one hand, the group looks like an appropriate vehicle for facilitating global dialogue. Its membership represents around 85% of global GDP and comprises most of the leading emerging economies, including those that have not adopted Western-style liberal democracy. With the exception of Nigeria, Africa's largest economy and most populous country, the countries that one would expect to have a seat at the table do. And in the future, one could imagine Vietnam and a few others joining them.

5 On the other hand, while the G20 has been very good at issuing grandiose communiqués to acknowledge the existence of global challenges, it has proven utterly incapable of advancing any solutions to them. To be sure, one could argue that it isn't realistic to expect a bunch of bureaucrats to fix everything that is broken in the world. If anything, it is the duty of activists, entrepreneurs, and other creative thinkers to pressure and persuade political leaders on the need for change. And yet, when it comes to problems that can be addressed only cooperatively at the global level, there is no alternative to bodies like the G20. Even if political leaders have adopted all the right ideas, they still need a forum for turning those ideas into coordinated policies.

6 To my mind, there are two barriers standing in the G20's way. First, though it is representative, it is also far too large. As I have argued since 2001, what the world really needs is a more representative G7, comprising the US, Japan, the European Union, and the BRIC countries. This new grouping would reside within the G20 and represent three-quarters of global GDP. While Canada and a post-Brexit UK would lose some of their current influence, they would have no less of it than similarly situated countries such as Australia. At any rate, they need not worry: there is no reason to expect a diplomatic overhaul of this scale anytime soon.

7 The G20's second deficiency is that it (as well as the G7) lacks an objective framework through which to set goals and measure progress toward them. Since the group's initial success a decade ago, its agenda has been fluid, with each host country adding something new to the mix at every annual gathering. In the case of the Osaka summit, the Japanese government introduced the goal of universal health care.

8 No one doubts that universal health care is a worthy cause. But nor has the G20 actually done anything to help individual member states expand the provision of health care. Worse, the time spent paying lip service to this new objective could have been used to discuss outstanding issues such as antimicrobial resistance, which was added to the G20 agenda in 2016. The language about AMR in the latest communiqué was notably similar to that of previous summits, which suggests that little progress has been made.

9 Meanwhile, the market for new antibiotics is deteriorating rapidly. Without a

concerted international response, drug-resistant superbugs could take ten million lives per year by 2050, resulting in a cumulative loss of around $100 trillion in global output. What the world needs now is action, not empty words.

71. Which of the following is mentioned in Paragraph 1?

A. In principle, G20 summits are held annually.

B. About 170 nations were not invited to the G20 summit in 2008.

C. The G20 was successful in dealing with the global financial crisis.

D. International policy coordination is a must to fight protectionism.

72. Which of the following can be inferred from Paragraph 2?

A. The G7 should include China as its member.

B. Today's global governance structures are pretty good.

C. The writer contributed to the G20's initial achievements.

D. An overhaul of the tax system is necessary in the BRIC countries.

73. Which of the following can be inferred from Paragraph 3?

A. The G20 summit in Osaka produced a lot of concrete results.

B. The U.S.-China relations got much worse after the G20 Osaka summit.

C. The leaders of China and the U.S. didn't meet on the sidelines of the G20 summit.

D. The G20 summit in Osaka didn't work effectively as a platform for international cooperation.

74. Which of the following is NOT mentioned in Paragraph 4?

A. Nigeria is not a member of the G20.

B. It is likely that Vietnam will join the G20 in the future.

C. Most of the major emerging economies belong to the G20.

D. The membership of the G20 accounts for three-fifths of the world's GDP.

75. Which of the following is mentioned in Paragraph 5?

A. Eradicating poverty is the greatest global challenge facing the world today.

B. Creating a new forum for international policy coordination is of utmost importance.

C. Leaders of the G20 nations have been unable to advance solutions to global challenges.

D. The communiqué of the Osaka G20 summit said the world needs less talk and more action.

76. Which of the following is mentioned in Paragraph 6?

A. The writer's proposal for a more representative G7 was rejected by Australia.

B. One of the deficiencies in the Group of Twenty is that it has too many members.

C. It is highly likely that Canada will be excluded from the G20 in the near future.

D. The new grouping of countries the writer suggests will constitute 90 percent of global GDP.

77. Which of the following is mentioned in Paragraph 7?

A. The leaders of the G20 have made great progress in easing trade and geopolitical tensions.

B. The issue of universal health care was added to the G20 Osaka agenda at the last minute.

C. The G20 does not have an objective framework through which they can set goals.

D. International policy coordination within the G20 framework was important a decade ago.

78. Which of the following is mentioned in Paragraph 8?

A. Environmental groups reacted negatively to the result of the Osaka G20 summit.

B. Antimicrobial resistance was a focus of discussion at the G20 summit in 2016.

C. Little progress was made in universal health care at the G20 summit in Osaka.

D. The prime minister of Japan spent a lot of time paying lip service to the U.S. president.

79. Which of the following can be inferred from Paragraph 9?

A. Productivity in the automotive industry is falling.

B. Drug manufacturing is the most profitable business in the U.S.

C. The WHO will ban research and development of new antibiotics.

D. Drug-resistance superbugs pose a threat to the future of human health.

80. Which of the following would be the best heading for this article?

A. Does the G20 Still Matter?

B. The World Economy

C. U.S.-China Trade War

D. What is the G20 Summit?

X. Write a short essay of around 80-100 words in English to answer the following question:

What is the biggest threat to the world? Why?

(You do not need to write down the number of words.)

マークシート記入例

東京の本会場でB級を受験する、国連 太郎さん、受験番号が「東京01-30001」、生年月日が「1980年10月24日」の場合の記入例です。

【受験番号/氏名】
それぞれ受験票の記載通りに記入してください。

受験番号	東京01-30001
氏　名	国連 太郎

【受験地区】
受験記号・番号の、都道府県部分を塗りつぶしてください。

【会場番号】
都道府県部分に続く２桁の数字を塗りつぶしてください。

【受験番号】
ハイフン（－）以降の５桁の数字を塗りつぶしてください。

受験地区					会場番号		受験番号 万	千	百	十	一
北海道 ○	埼玉 ○	岐阜 ○	鳥取 ○	佐賀 ○	●	0	0	●	●	●	0
青森 ○	千葉 ○	静岡 ○	島根 ○	長崎 ○	1	●	1	1	1	1	●
岩手 ○	東京 ●	愛知 ○	岡山 ○	熊本 ○	2	2	2	2	2	2	2
宮城 ○	神奈川 ○	三重 ○	広島 ○	大分 ○	3	3	●	3	3	3	3
秋田 ○	新潟 ○	滋賀 ○	山口 ○	宮崎 ○	4	4	4	4	4	4	4
山形 ○	富山 ○	京都 ○	徳島 ○	鹿児島 ○	5	5	5	5	5	5	5
福島 ○	石川 ○	大阪 ○	香川 ○	沖縄 ○	6	6	6	6	6	6	6
茨城 ○	福井 ○	兵庫 ○	愛媛 ○	海外 ○	7	7	7	7	7	7	7
栃木 ○	山梨 ○	奈良 ○	高知 ○		8	8	8	8	8	8	8
群馬 ○	長野 ○	和歌山 ○	福岡 ○		9	9	9	9	9	9	9

【受験級】
「B」と記入し、下段のB級部分を塗りつぶしてください。

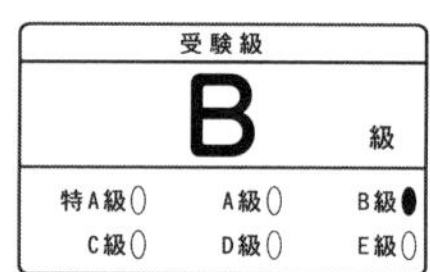

受験級
B
級
特A級
A級
B級
C級
D級
E級

【生年月日】
４桁の西暦・月・日を塗りつぶしてください。
10未満の月・日の十の位は、「０」を塗りつぶしてください。

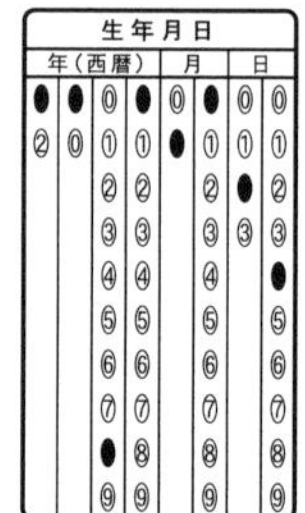

※HB以上の鉛筆を用いてマークをしてください。

※他の地区から会場を変更して受験する場合でも、受験票に記載されている受験地区・会場番号をマークしてください。

2019年
第2回試験

解答・解説

2019年　国連英検B級第2回試験
解答・解説

I　疑問文を含む英文が10題読まれます。
それぞれの英文に対して，最も適切な対応文を選びなさい。

1.　解答：D

解説　どこで会うかを聞いているので，場所を示していると理解できるDが対応文として最も適切。

ナレーション　Where should I meet you at the shopping mall?
「ショッピングモールのどこで会いますか」

A. フードコートで食べましょう。　B. 約5キロあります。
C. 午後3時ごろ会いましょう。　D. 噴水のそばがいいよ。

2.　解答：D

解説　缶の回収日を聞いているので，その曜日を教えていると理解できるDが対応文として最も適切。

ナレーション　What day do we recycle cans?
「缶の回収日は何曜日ですか」

A. 私もサイクリングが好きです。　B. 水曜日に瓶を出します。
C. 役に立てると思います。　D. 隔週火曜日です。

3.　解答：A

解説　荷物を運ぶ手伝いを申し出ているので，（車まで運んでもらいたいという意図で）自分の車を駐車している場所を教えていると理解できるAが対応文として最も適切。

ナレーション　Ma'am, can I help you with those packages?
「奥さん，それらの荷物をお持ちしましょうか」

A. 車はすぐそこです。　B. エアメールを利用した方がいい。
C. 赤い方がいいです。　D. 今晩荷造りをしましょう。

4. 解答：C

解説　150語のパラグラフが書けない場合にどうなるか聞いているので，量ではなく中身が大事であることを伝えていると理解できるCが対応文として最も適切。

ナレーション　Sir, what happens if I can't write a paragraph of 150 words?
「150語の文章が書けない場合はどうなりますか」

A. ローマは一日にして成らず。
B. コンピューターを使ってください。
C. 量ではなく中身だと言っているよね。
D. さらに数枚用紙をあげましょう。

5. 解答：C

解説　本部から人が来ると言っているので，その理由を聞いていると理解できるCが対応文として最も適切。

ナレーション　Mr. Johnson from head office is going to pay us a visit tomorrow.
「本部のジョンソン氏が明日お見えになる予定です」

A. 道順を教えてください。
B. 彼に会えて本当によかったです。
C. 彼の訪問のねらいは何だと思いますか。
D. 本部には来週支払われます。

6. 解答：A

解説　新しい仕事で困っていると言っているので，元気づける，慰める意図で発していると理解できるAが対応文として最も適切。in over one's head「完全にお手上げで」。

ナレーション　I think I'm in over my head with this new job.
「この新しい仕事にどこから手をつけていいのか分からないよ」

A. いつでも最初は難しいよ。
B. 君は背が高いとずっと思っていた。
C. プールの浅瀬の方が安全です。
D. うまくいっているのがうれしいです。

7. 解答：B

解説 未処理の注文がどれかを聞いているので，昨日の注文（Yesterday's = Yesterday's orders）が未処理であることを伝えていると理解できるBが対応文として最も適切。

ナレーション Which orders still need to be processed?
「注文処理がまだ終わっていないのはどれですか」

A. 休みを取りましょう。

B. 昨日の注文がまだ終わっていません。

C. このレストランはいつも時間がかかる。

D. 実は注文書が整理されていません。

8. 解答：B

解説 安全基準管理者が誰かを聞いているので，資格を持っている人が定期的に来ると言っているBが対応文として最も適切。

ナレーション Who monitors your factory's safety standards?
「貴工場の安全基準を管理しているのはどなたですか」

A. 我々はスマートフォンを製造しています。

B. 資格を持った検査官が定期的に来ています。

C. 私のスクリーンは真っ暗になったままです。

D. ジョンがあなたに安全マニュアルをあげます。

9. 解答：C

解説 財政学の学位を持っているか聞いているので，（その学位を取得して）2010年に大学を卒業したと理解できるCが対応文として最も適切。

ナレーション You have a degree in finance, don't you?
「あなたは財政学の学位をお持ちですよね」

A. 気温は33度になると思います。　B. 私はお金に困っています。

C. 私は2010年に卒業しました。　D. 私はあなたに同意できません。

10. 解答：B

解説 写真付き身分証明書の提出が求められている場面なので，（写真付きの）運転免許証を提示していると理解できるBが対応文として最も適切。

ナレーション Ma'am, may I see some photo ID?

「奥様，写真付き身分証明書を見せていただけませんか」

A. 実のところ私は結婚していません。　B. 運転免許証で大丈夫ですか。

C. ジューンのことじゃないよね。　D. 猫と一緒の写真があります。

II

10題の対話文が読まれます。
その後に読まれるそれぞれの質問に対して最も適切な答えを選びなさい。

11.　解答：D

解説　タクシーも列車も難しいことと，男性が "On foot?" と言っていることから，徒歩を提案していると理解できる。したがって，正解はDとなる。

A. ヒッチハイク　B. 列車　C. タクシー　D. 徒歩

2019年
第2回
解答・解説

ナレーション

Man:　Hmm. We only have 15 minutes to get to the concert. What's the quickest way to get there?

Woman: With this traffic we won't make it by taxi.

Man:　Yes, I think you are right. I don't see a train station around here either. On foot?

Question　By which method will the man and woman most likely get to the concert?

(男)：うーん，コンサートまで15分しかないよ。一番早く着けるのは何だろう？

(女)：これだけ混んでいると，タクシーでは無理よね。

(男)：そう，君の言う通り無理だね。この辺には駅もないし。歩いて行く？

質問　男性と女性はどの手段でコンサート会場に向かう可能性が一番高いか。

12.　解答：D

解説　女の子が "I feel so crushed." と言っていることから，正解はDとなる。

A. ワクワクした　B. とても元気な

C. 変わらない　D. とても不快な

ナレーション

Woman: Dad. If you were a lot younger and a girl asked you for a date, what would you do?

Man:　Whoa! I'm not that old yet. But let's see. Ummm, if I didn't like the girl I'd try to let her down easily. Why do you ask?

Woman: Well, I really liked this guy and asked him out for a date. He just laughed at me! I feel so crushed.

Question　Which word best describes how the girl feels?

(女)：お父さん，もしお父さんがもっと若くて，女子にデートに誘われたらどうする？

(男)：おっと！　今だってそんなに年取っていないよ。うーん，その子が好きでなければそれとなく断るだろうな。そんなこと，どうして聞くの？

(女)：あのね，この人がすごく好きで，デートに誘ったの。なのに彼は私を見て笑ったのよ。すごく傷ついたわ。

質問　女の子の気持ちを最もよく言い表しているのは次のどれか。

13.　解答：C

解説　衝突原因について両者の意見が分かれ，男性が"I have it all on my drive recorder. Let's let the police decide when they get here."と主張していることから，Cの可能性が最も高い。

A. 2人の運転手に交通違反切符を切る

B. 事故の目撃者に話を聞く

C. ドライブレコーダーのデータを解析する

D. 無謀運転で女性を逮捕する

ナレーション

Man:　Lady, you cut right in front of me and hit my car!

Woman: I certainly did not. You speeded up so I couldn't get in front of you. Then YOU hit MY CAR!!

Man:　Absolutely not. I have it all on my drive recorder. Let's let the police decide when they get here.

Question　According to the man, what should the police do when they arrive at the accident scene?

(男)：あなたが僕の前に割り込んで，僕の車にぶつかったんだ。

(女)：私は絶対に割り込んでいないわ。あなたがスピードを上げたので私はあなたの前に行けなかった。だからあなたが私の車にぶつかってきたの。

（男）：それは絶対違う。ドライブレコーダーに全部入っているから，警察が来たら判断してもらおう。

質問　男性の言うことに従えば，警察は事故現場に着いたら何をするか。

14. 解答：C

解説　自分たちの子どもの習い事について，2人が相反する考えを述べていることを踏まえれば，正解はCと言える。

A. 音楽が好きではない両親　　B. お金に関する対照的な考え

C. 子育てに関する異なる考え　　D. 課外レッスンの選択

ナレーション

Woman: Honey, I have something I've been meaning to tell you. I enrolled Suzie in piano lessons.

Man: Are you kidding! She already has figure skating or horseback riding lessons almost every day. Stop pushing her so hard and give her some time to be just a kid.

Woman: But I want her to grow up to be someone. There are worse things she could be doing.

Question　What common marriage issue is expressed by this conversation?

（女）：ねえ，ずっと言おうと思っていたことがあるの。スージーをピアノ教室に通わせることにしたわ。

（男）：冗談だろう！　すでにほぼ毎日フィギュアスケートや乗馬教室に行っているんだよ。そんなに無理はさせない方がいいよ。普通の子どもでいられる時間をあげるべきだよ。

（女）：でも，スージーにはそれなりの人になってほしいの。習い事でもしてないと，もっと大変なことをしていることもあるわ。

質問　この会話に表れている，よくある結婚にまつわる問題は何か。

15. 解答：B

解説　男性が "Do you know your account pays only .01 percent interest? And you have heard of inflation, haven't you?" と話していることから，正解はBと言える。

A. もっと多くのお金を預けるべきだ。　B. お金の価値は下がる。

C. 彼女は車を購入すべきだ。　D. お金の価値がこれから上がる。

ナレーション

Man: I accidently saw your bank book on the table. Why do you have 100,000 dollars in your account?

Woman: I want to keep it safe for retirement.

Man: Do you know your account pays only .01 percent interest? And you have heard of inflation, haven't you?

Question　What does the man infer about the woman's bank account?

(男)：テーブルの上に置いてある君の通帳をたまたま目にしたんだけど，口座に 10 万ドルもあるのはどうして？

(女)：退職後の生活に備えて大事に預金しておきたいのよ。

(男)：銀行口座に入れていても利息は 0.01 パーセントしかつかないのは知っている？　インフレのことも耳にしていると思うけど？

質問　女性の銀行口座について男性が暗にほのめかしていることは何か。

16.　解答：B

解説　男性が女性に "I'm sure your job prospects would be better with a computer science degree." と言っていることから，正解は B となる。

A. 生命科学　B. コンピューターサイエンス

C. 経営管理学　D. フランス文学

ナレーション

Woman: I can't decide on my major, but I've narrowed it down to French Literature or Computer Science.

Man: Well, I'm sure your job prospects would be better with a computer science degree.

Woman: I am too, but that's the problem. French literature is what I really love.

Question　According to the man, which major should the woman choose?

(女)：何を専攻するかがまだ決まらないの。フランス文学かコンピューターサイエンスのどちらかにするところまでは狭まっているんだけど。

（男）：えーと，コンピューターサイエンスの学位を持っている方が将来の仕事にいいと思うよ。

（女）：私もそう思うけど，それが問題なの。実は私が好きなのはフランス文学なのよ。

質問　男性によれば，女性はどちらを専攻すべきか。

17.　解答：A

解説　自分たちと異なる考えを持つ Ann Bolter 氏の講演について，考えの相違が開催拒否の理由になるかどうか議論している。したがって，正解は A となる。

A. 言論の自由　　B. 弁護士を立てる権利

C. 銃所持の権利　　D. 報道の自由

ナレーション

Man:　I heard they were inviting Ann Bolter to speak on campus.

Woman: She should be banned from speaking at our university. She's against gun control as well as socialized health care and I think she's a racist.

Man:　I know and I disagree with her views too, but she has the right to express her opinions in public. I think we should go to the lecture.

Question　What current issue is being discussed by the man and woman?

（男）：キャンパスの講演にアン・ボルター氏を招く予定だと聞いたけど。

（女）：うちの大学で話すのは禁じられているはずだわ。彼女は医療社会化制度やガン規制に反対しているし，人種差別主義者でもあるでしょう。

（男）：それは分かっているし，彼女の考えにも反対だけど，公の場で自分の考えを述べる権利は彼女にもあるし，私たちは彼女の話に耳を傾けるべきだと思う。

質問　男性と女性が議論している目下の問題は何か。

18.　解答：C

解説　男性が "I want to see what else is out there first." と述べていることか

ら，正解はCとなる。

A. 経理の職に応募する　B. 現在の地位にとどまる

C. 他の企業のポストを検討する　D. 仕事を辞めて旅行をする

ナレーション

Woman: Hey John. I heard Accounting is looking for a new manager. Have you thought about applying?

Man: Yes, I have. But I'm not ready to commit to this company just yet. I want to see what else is out there first.

Woman: I understand what you mean. Too bad, though. You'd be perfect for the position.

Question　What does the man want to do?

(女)：ねえ，ジョン，経理部で新しい部長を探していると聞いたけど。応募してみようと考えたことある？

(男)：うん，あるよ。でもまだこの会社でずっと頑張っていこうという気になれない。まずはこの会社の外で何か他にないか見てみたいんだよ。

(女)：言っていることは分かるわ。でもすごく残念。あなたこそその職にぴったりなのに。

質問　男性がやりたいことは何か。

19. 解答：B

解説 男性が "They'll go after Human Resources first. Lots of deadwood there." と述べていることから，正解はBとなる。

A. 木は切り倒されるべきだ。

B. 人事部は人員過剰である。

C. 女性は人事部に異動すべきだ。

D. 人事部はレイオフを受ける心配がない。

ナレーション

Man: I just got some bad news. The company is laying off 20% of its workforce.

Woman: Oh, really? I can't afford to lose my job. I just bought a house!

Man: Don't worry. You're a skilled assembly line technician.

They'll go after Human Resources first. Lots of deadwood there.

Question　What does the man infer about the Human Resources department?

(男)：悪い知らせが入ったんだ。会社が社員の20%を解雇するらしいよ。

(女)：本当なの？　私は仕事を辞めるわけにはいかないわ。家を買ったばかりなの。

(男)：心配する必要ないよ。君は製造ライン部門の優秀な技術者だから。まずは人事部から手をつけると思うよ。あそこには余剰人員がたくさんいるから。

質問　男性が人事部について暗にほのめかしていることは何か。

20. 解答：A

解説 女性が "The carpet in my office is being replaced." と話していることから，正解はAと言える。

A. 作業する人が入れるように　　B. 窓を開けるために

C. コーヒーメーカーを準備するために　　D. 床掃除をするために

ナレーション

Woman: Danny, could you open the office a bit earlier tomorrow morning?

Man: Sure. About what time? And what's going on?

Woman: About 6:30 would be best. The carpet in my office is being replaced.

Question　Why does Danny need to open the office early the next day?

(女)：ダニー，明日の朝はちょっと早めに事務所を開けてもらえる？

(男)：分かりました。何時ごろでしょうか。何かあるのですか。

(女)：6時半ぐらいだとありがたいわ。事務所のカーペットを取り替えてもらう予定なの。

質問　ダニーが翌朝早く事務所を開ける必要があるのはなぜか。

III	5つの対話文が読まれます。各対話文の後で，それに対する質問が2つ読まれます。各質問に最も適切な答えを選びなさい。

Conversation 1

21. 解答：D

解説 男性が英語の記数法についてアドバイスを求めている場面であることを踏まえると，選択肢の中ではDが最も適切。

A. 宇宙飛行士　B. 医者　C. トラック運転手　D. 教師

22. 解答：A

解説 40万ドルぐらいの値段の品物は，選択肢の中ではAぐらいであろう。

A. 平均的な住宅　B. コーヒー1杯

C. ハワイ旅行　D. ディズニーランドの年間パスポート

ナレーション

Man: I'm having trouble with the English number system and money. Do you have any advice?

Woman: Sure. Our system is based on thousands. Except for 100, every time we add three zeros the name of the number changes. Thus the main number names are thousand, million, billion, trillion.

Man: "Thousand, million, billion, trillion." OK. Anything else?

Woman: Numbers are hard to remember, so it's a good idea to attach a number to something concrete. For example, an inexpensive car in the US would be about 20,000 dollars.

Man: That's a good start. Thanks.

Questions 21. Who most likely is the woman?

22. Which of the following items could be used to remember the number $400,000?

(男)：英語の数値の位取りとお金の数え方に苦労しています。何かアドバイスはありませんか？

(女)：もちろんありますよ。私たちの数値の位取りは千単位を基本（ベース）にしています。ですから，100を除いて，ゼロを3つ加えるごとに位取りが変わります。だから，主な数値の呼び方はサウザンド（千），ミリオン（100万），ビリオン（10億），トリリオン（1兆）になります。

(男)：「サウザンド，ミリオン，ビリオン，トリリオン」ですか，なるほど。他にありますか。

(女)：数値は覚えるのが大変なので，数値を何か具体的なものに関連づけるのも一案です。たとえば，アメリカで安価な車は20万ドルぐらい，みたいに。

(男)：それは手始めにいいですね。ありがとうございます。

質問 21. 女性は誰の可能性が最も高いか。

22. 40万ドルという数字を覚えるのに使用される可能性がある品物は次のどれか。

Conversation 2

23. 解答：D

解説 女性が "Dad, I'm so tired of changing jobs and always looking for work." と話していることから正解はDと言える。

A. 満足できる　B. 理想的な　C. 身体的な　D. 不安定な

24. 解答：B

解説 女性が "I'm not sure us working at the same company is a good idea," と述べていることから，選択肢の中ではBが最もふさわしいと言える。

A. 経験不足　B. 私生活と仕事の混同

C. 父親と一緒に通勤すること　D. コンピュータースキル不足

ナレーション

Woman: Dad, I'm so tired of changing jobs and always looking for work. This 'gig' economy is killing me.

Man: When you say 'gig' do you mean 'gigabyte'?

Woman: No, Silly! It's like a music group gig. You know, they play at different places every week or so.

Man: Ah, sorry. I get it now. I could ask around at my company.

Woman: I'm not sure us working at the same company is a good idea, but yes please do!

Questions 23. Which word best describes the woman's work situation?

24. What concern does the woman express about her father's suggestion?

(女)：お父さん，転職して年がら年中職探しするのはうんざりよ。こんな「ギグ」エコノミーには耐えられないわ。

(男)：「ギグ」っていうと，「ギガバイト」のこと？

(女)：何言っているの！　違うわよ。音楽グループのギグみたいだってこと。あのね，彼らは毎週のように場所を変えて演奏しているでしょう。

(男)：ごめん。ようやく分かった。会社で聞いてみるよ。

(女)：私たち２人が同じ会社に勤めるのがいいことか分からないけど，聞いてみて。

質問　23. 女性の就業状況を最も良く表している言葉は次のどれか。

24. 父親の提案に関して女性は何が心配だと言っているか。

Conversation 3

25. 解答：C

解説 女性が "Mr. Peterson, your party supports equal opportunity but not gender equality." と述べており，その中の "your party"（あなたの政党）から，正解は C と言える。

A. 大学教授　B. ヘアスタイリスト　C. 政治家　D. 弁護士

26. 解答：C

解説 equal opportunity は支持するが gender equality は unfair だと主張する男性に，女性が "That's a real problem for me."，さらに "With equal opportunity, don't you think men will prevent women from getting jobs anyway?" と話していることから，C が最もふさわしいと言える。

A. 彼女は結婚していない。

B. 彼女は雇用機会均等を支持している。

C. 彼女は男性に対して不信感を抱いている。

D. 彼女は政府の仕事に就いている。

ナレーション

Woman: Mr. Peterson, your party supports equal opportunity but not gender equality. Can you expand on that?

Man: Well, mainly it's because gender equality won't create social equality because it is unfair.

Woman: That's a real problem for me. Why do you say it is unfair?

Man: Because gender equality requires equal numbers of both sexes in any particular job. Thus the door is open for unqualified people to take jobs from qualified people.

Woman: With equal opportunity, don't you think men will prevent women from getting jobs anyway?

Questions 25. Who most likely is the man?

26. Based on her questions, what can we infer about the woman?

(女)：ピターソンさん，あなたの党は雇用機会均等を支持していますが，男女同権についてはそうではありませんね。そのことについて詳しく話してもらえませんか。

(男)：えーと，それは男女同権というものが不公平なので社会的平等を生み出さないからです。

(女)：それは私にとっては深刻ですね。なぜ不公平なのですか。

(男)：男女同権はどんな職であっても男女同数であることを求めるからです。つまり，能力のない人が能力のある人から職を奪うことになりかねないからです。

(女)：雇用機会均等があることで，男性が女性の就職を妨げることになるとは思わないのですか？

質問 25. 男性は誰の可能性が最も高いか。

26. 女性の質問に基づけば，女性について暗にほのめかされているのは何か。

Conversation 4

27. 解答：B

解説 女性に対して男性が "It is your responsibility to find out about homework whether you are here or not. Communication with other class members is important.” と話していることから，正解はBとなる。

A. 男性にEメールを出す　B. 別の学生に聞く

C. 学部事務室に行く　D. 経験に基づいて考える

28. 解答：A

解説 課題に関する情報収集は学生の責任で行うべきだという男性の意見に，女性が “Wow! Strict, strict, strict!” と言っていることから，納得していない様子がうかがえる。したがって，正解はAとなる。

A. 理不尽な　B. 公正な　C. 大人げない　D. おおらかな

ナレーション

Woman: I'm sorry Mr. Smith. I didn't do my homework because I was absent last week.

Man: Being absent is not an excuse for not doing your homework, so your score is zero.

Woman: But I didn't know what to do!!

Man: This is a university, not grade school. It is your responsibility to find out about homework whether you are here or not. Communication with other class members is important.

Woman: Wow! Strict, strict, strict!

Questions 27. According to the man, how should the woman find out about homework?

28. Which word best describes the woman's opinion of the man at the end of the conversation?

(女)：スミス先生，先週欠席したので課題をしてきませんでした。すみません。

(男)：欠席が課題をやらなかった理由にはならないですよ。ですから，点数は零点になります。

(女)：でも何をしたらいいのか分からなかったのです。

(男)：ここは大学で，小学校じゃないです。出欠に関係なく課題についての情報を得るのはあなたの責任でしょう。クラスの他の生徒とのコミュニケーションは大事ですよ。

(女)：えっー！　厳し過ぎます！

質問　27. 男性によれば，女性はどうやって課題に関する情報を得るべきか。
28. 会話の最後で女性が男性をどう思っているかを最もよく言い表しているのは次のどの言葉か。

Conversation 5

29.　解答：A

解説　女性が男性の携帯を見て "Hey! Is that one of those old-fashioned flip phones you are using?" と言っていることから，正解は A となる。

A. 驚き　B. 幸福　C. 失望　D. 感謝

30.　解答：D

解説　男性が "Well, this type of phone has some smartphone features, but it is easier to use. Also, it is much cheaper than a smartphone and a lot lighter." と話しているように，下線部の 3 点をメリットに挙げている。しかし，D のキーボードには触れていない。

A. 使い勝手の良さ　B. 低価格　C. 軽量　D. 使い易いキーボード

ナレーション

Woman: Hey! Is that one of those old-fashioned flip phones you are using?

Man: It isn't exactly a flip phone. It's called a feature phone and it's brand-new. I got it yesterday.

Woman: Oops! Sorry. May I ask why you didn't get a smartphone?

Man: Well, this type of phone has some smartphone features, but it is easier to use. Also, it is much cheaper than a smartphone and a lot lighter.

Woman: I see. I guess not everyone really needs a smartphone.

Questions　29. Which of the following words best expresses the woman's reaction to seeing the man's phone?
30. What is a quality of a feature phone which is not mentioned by the man?

(女)：ねぇ，あなたがいま使っているのは旧式のガラケーじゃないの？

(男)：ガラケーとはちょっと違うよ。これは新品のフィーチャーフォンと呼ばれるもので，昨日買ったばかりだよ。

(女)：あら！　ごめんなさい。スマホを購入しなかったのはどうして？

(男)：えーと，このタイプの電話にはスマホにある機能もついているのに，使うのがずっと簡単なんだ。しかもスマホよりはるかに安いし，ずっと軽いよ。

(女)：なるほど。必ずしもみんなスマホが必要なわけじゃないよね。

質問　29. 男性の電話を見た時の女性の反応を一番よく言い表している言葉は次のどれか。

30. 男性が触れていないフィーチャーフォンの特徴は何か。

IV　（初めに）２つの短いナレーションが読まれ，そのナレーションの後にそれぞれ５つの質問文が読まれます。最も適切な答えを選びなさい。

Talk 1

31.　解答：A

解説　冒頭で "I'm Jose Santiago from Costa Rica Eco-tours." と話していることから，A が正解と言える。

A. 観光ガイド　　B. スペイン語の通訳

C. 環境保護志向の観光客　　D. 社会科の先生

32.　解答：C

解説　話し手が "I'd like to give you a few packing tips ..., and we are going into an ecologically sensitive area. Don't pack the way you would for a regular sightseeing trip. We want to make the least impact on the local environment." と言っていることから，環境にできるだけ影響を与えない荷造りについて解説していると理解できる。したがって，正解は C となる。

A. 寒い天気用の荷造り方法　　B . 環境保護のためのエチケット

C. 環境に優しい荷造り　　D. 日焼けを防ぐための荷造り

33.　解答：B

解説　話し手が最後に "See you at 9 am tomorrow at the airport." と話していることから，正解は B となる。

A. 来週　B. 次の日　C. 2日後　D. 同じ日の後の時間で

34. 解答：D

解説 話し手が環境に優しい旅行に関わる packing tips について，3点挙げて説明していることを踏まえれば，正解は D と言える。

A. 聞き手をやる気にさせるために　B. 物語を語るために
C. 意見を述べるために　D. 指示を与えるために

35. 解答：D

解説 health issue について，話し手が "For personal protection, sunscreen is recommended with an SPF of 15+ or higher but also chemical free. Sunglasses with full UV protection are also a good idea." とアドバイスしている。したがって，正解は D と言える。

A. 詰め過ぎないでください。
B. 生分解性石鹸を持参してください。
C. 再生可能なプラスチック袋を使用してください。
D. サングラスを持参してください。

ナレーション

Good morning. I'm Jose Santiago from Costa Rica Eco-tours. Before leaving, I'd like to give you a few packing tips. This trip is the real deal, and we are going into an ecologically sensitive area. Don't pack the way you would for a regular sightseeing trip. We want to make the least impact on the local environment. First, pack less. I always pack practical clothes that I can wear for a couple of days without washing. This reduces local water use. Fewer clothes also means more room for important stuff like hiking boots and extra socks. Second, for storing lotion, toothpaste and other personal hygiene items, put them in reusable plastic bags. Don't plan on throwing any bags or plastic bottles away on site. We pack them out. Third, our hotel doesn't provide soap or shampoo, so you need to bring your own. Make sure they are biodegradable. For personal protection, sunscreen is recommended with an SPF of 15+ or higher but also chemical free. Sunglasses with full UV protection are also a good idea. Please read the pamphlet I have distributed before we arrive. It describes ecological etiquette for walking through a rainforest.

See you at 9 am tomorrow at the airport.

Questions 31. Who most likely is the speaker?
32. What is the topic of this talk?
33. When will the listeners meet again?
34. Which of the following best describes the purpose of the meeting?
35. Which advice refers mostly to a health issue?

語句 ecologically: 生態学的に　hygiene item: 衛生用品　biodegradable: 生分解性の　SPF: 紫外線防止指数（Sun Protection Factor）　chemical-free: 化学薬品を使用していない　UV protection: 紫外線保護，紫外線カット

訳例　おはようございます。私はコスタリカ・エコツアーのホセ・サンティアゴです。出発前に皆さんに荷造りに関していくつか助言しておきたいと思います。これは正真正銘の旅です。私たちはこれから生態学的に慎重な行動が求められる地域に足を踏み入れます。通常の観光旅行のような荷造りはしないでください。その地域の環境に及ぼす影響を最小限にしたいのです。第1に荷物は普段よりも少なくしてください。私はいつも洗濯しないで2日ぐらい着られる実用的な服を持っていきます。これにより旅先での水の使用を減らすことができます。服を少なくすることでハイキング用ブーツや予備用ソックスなど，大事な物を入れるスペースができます。2番目です。化粧水，歯磨き粉，個人用衛生用品などは再利用可能なプラスチック袋に入れてください。くれぐれも袋やプラスチックボトルをその場に投げ捨てないでください。それらは持ち帰ります。3点目です。ホテルに石けんやシャンプーはありませんので，各自お持ちください。それらが生分解性製品であることを必ず確認してください。個々人の保護のために，化学薬品を使用していないSPF15あるいはそれより上の日焼け止めを持参することをお勧めします。紫外線100%カットのサングラスもいいかと思います。配付してあるパンフレットに現地到着までに目を通しておいてください。熱帯雨林を歩く際の環境保護に関わるエチケットが書いてありますから。

それでは明日の朝9時に空港でお会いしましょう。

質問　31. 話し手は誰の可能性が最も高いか。
32. この話のテーマは何か。
33. 聞き手が次に会うのはいつか。
34. この集まりの目的を最もよくを表しているのは次のどの表現か。

35. 主に健康面について触れられているアドバイスはどれか。

Talk 2

36.　解答：A

解説 話し手が冒頭で "Everyone was dying around us, and there was nothing we could do. We had to flee. Later, I was among the thousands who tried to enter Europe." と述べていることから，話し手は選択肢の中では A の難民と考えるのが妥当であろう。

A. 難民　B. 厄介者　C. 泳ぎ手　D. 兵士

37.　解答：A

解説 話し手が "Our boat left from Turkey." と言っていることから，彼の出身地は，選択肢の中ではトルコの隣国シリアだと考えるのが妥当であろう。

A. シリア　B. アメリカ合衆国　C. ベトナム　D. ベネズエラ

38.　解答：B

解説 話し手は "We were at sea for two hours. Only a few of us were not afraid. I'm a good swimmer and I knew I could swim if I had to." と述べていることから，話し手以外の多くの人は泳げない，あるいは泳ぎに自信がないのでおぼれるのを怖がっていると推察できる。したがって，正解は B と言える。

A. 食料が不足すること　B. おぼれること

C. 食料が全くないこと　D. サメに襲われること

39.　解答：D

解説 話し手が "We were then smuggled from Greece to Macedonia." と述べていることから，正解は D となる。

A. 遅すぎた。　B. 彼女は車で着いた。

C. 彼女はパスポートを忘れた。　D. それは違法であった。

40.　解答：C

解説 話し手が "But I like to see good things, not bad things." と述べ，次

に元気に楽しく生活している様子に触れ，さらに最後に “My future is bright.” と述べていることから，正解は C となる。

A. 悲観的な　B. 非現実的な　C. 前向きな　D. どっちつかずの

ナレーション

[Female Narrator]

Everyone was dying around us, and there was nothing we could do. We had to flee. Later, I was among the thousands who tried to enter Europe.

Our boat left from Turkey. The engine stopped. Our boat wasn't rigid and it began to deflate. We were at sea for two hours. Only a few of us were not afraid. I'm a good swimmer and I knew I could swim if I had to. As soon as we reached regional waters, a plane saw us and help arrived soon. We were then smuggled from Greece to Macedonia. We were all wet and cold, but we made it. We've been in this UNICEF camp ever since.

I miss my sister and our neighbors. The one I miss most is my brother who was killed. But I like to see good things, not bad things. In this camp, we wake up in the morning, shower and have breakfast. Then we go to school. The teacher teaches us English, German, and Macedonian. I like to sing and draw. I like to draw flowers. I want to be an English teacher and teach children.

My future is bright. My name is Hiba. I'm 10 years old.

Questions 36. Who most likely is the speaker?

37. Where did the speaker most likely come from?

38. What were people on the boat afraid of on the voyage from Turkey to Greece?

39. What can we infer about Hiba's arrival in Greece?

40. What is Hiba's attitude towards living in a camp?

語句 flee: 避難する　deflate: 空気が抜ける　smuggle: 不法に入国させる　Macedonian: マケドニア語

訳例　(女性ナレーター)

私たちの周りの皆がひん死の状態でしたが，私たちにできることは何もありませんでした。私たちは避難しなければなりませんでした。しばらくすると，何千もの人がヨーロッパに行こうとしており，私はその中にいました。

私たちが乗るボートはトルコを出ましたが，エンジンが止まってしまいました。ボートは頑丈ではなかったし，空気も抜け始めました。2時間ほど海の中にいました。ほとんどの人が怖がっていました。私は泳ぎが得意で，必要があれば泳げることは分かっていました。海域に着くと間もなく飛行機が私たちを見かけ，ほどなく救助がやって来ました。それから私たちはギリシャからマケドニアに不法入国させられました。私たちはびしょ濡れで凍えていましたが，何とかたどり着くことができました。それ以来，このユニセフキャンプにいます。

私は妹や故郷で近隣に住んでいた人がいなくて寂しく思います。殺された弟がいないのが一番寂しいです。でも悪い面よりは良い面に目を向けたいと思います。このキャンプでは朝起きると，シャワーを浴び，朝食をとります。それから学校に向かいます。そこで先生が私たちに英語，ドイツ語，マケドニア語を教えてくれます。私は歌を歌ったり絵を描いたりするのが好きです。花を描くのが好きです。将来は英語の先生になって子どもたちに教えたいです。

私の将来は明るいです。私の名前はヒバで，10歳です。

質問　36. 話し手は誰の可能性が最も高いか。
　　　37. 話し手の出身地はどこの可能性が最も高いか。
　　　38. トルコからギリシャに向かう航海でボートに乗っている人が怖がったのは何か。
　　　39. ヒバのギリシャ上陸について何が推察できるか。
　　　40. キャンプ生活に対するヒバの姿勢はどうか。

V　4つの選択肢の中から，以下のそれぞれの英文の（　　　）に入る最も適切なものを選びなさい。

41. 解答：D

解説　cut back on ～ で「～の量を減らす，～を削減する」，また plastic waste は「プラスチック廃棄物」の意味。したがって，正解はDとなる。

訳例　ある日本企業が木製ストローを開発し，プラスチック廃棄物削減という国際的な取り組みに参入することになった。

42. 解答：B

解説　この over ～ は「の間，～にわたって」のように時間の経過を表し，the past two decades のような特定の時期を示す語が次に来る。したがって，正解は B となる。

訳例　この 20 年間アメリカの大学教授陣の中でさまざまな人種や民族出身の教員が増えてきている。

43. 解答：A

解説　a wealth of 〜 で「大量の〜，豊富な〜」の意味。traditional knowledge で「伝統的な知識」。したがって，正解は A となる。

訳例　言語が消滅するたびに，世界は豊かな伝統的知識を失うことになる，と国連トップが語った。

44. 解答：D

解説　rainy season front で「梅雨前線」。したがって，正解は D となる。

訳例　梅雨前線が停滞したことから九州南部で月曜日に激しい雨が降り続いた。

45. 解答：C

解説　asylum application で「庇護（ひご）申請，亡命申請」。したがって，正解は C となる。

訳例　金曜日，トランプ政権は中米からのアメリカ合衆国への亡命申請を制限する，グアテマラとの協定に調印した。

VI

下線を引いた単語または語句の中から，
文法的もしくは慣用的に不適切なものを選びなさい。

46. 解答：B

解説　in favor of 〜 で「〜を支持して，に賛成して」の意味。したがって，本文の favors を favor にする必要がある。

訳例　スロバキア初の女性大統領ズザナ・チャプトヴァー氏は，保守的なローマカトリック国におけるゲイの権利に賛成しているが，中絶禁止には異を唱えている。

47. 解答：A

解説　Facial recognition systems が主語で複数であることから，is を are にする必要がある。

訳例　AI を活用した顔認証システムの利用が広がり，顔をスキャンするだけで人々が品物の代金を支払うことができたり，空港での入国審査ができたりするようになってきている。

48. 解答：D

解説 one of の次の名詞は原則複数形となる。したがって，nation を複数形の nations にする必要がある。

訳例 昨年世界で急増したはしか患者の 75% を 10 カ国が占めており，世界で最も裕福な国フランスがその中に含まれている，と金曜日に国連児童機関が述べた。

49. 解答：B

解説 prevent は "prevent A from doing 〜" で用いられ，「A が do するのを防ぐ，抑える」の意味。したがって，slide を sliding にする必要がある。

訳例 OPEC およびロシアが率いる同盟国は，今年世界トップの原油生産国となったアメリカ合衆国の原油生産が急増している中，価格下落を抑えるために 2017 年から石油産出量を減らしてきている。

50. 解答：D

解説 "despite efforts (by Prime Minister Jacinda Ardern) to calming the dispute)" の to calming the dispute について，この文脈では to calming は efforts に係る不定詞の形容詞的用法で「争いを抑えるための努力」と解釈するのが妥当であろう。したがって，calming を calm にする必要がある。

訳例 ジャシンダ・アーダーン首相が鎮めようと努力したにもかかわらず，結局，ニュージーランドで何千という人が，原住民のマオリ族にとって神聖な場所とみられている土地での新たな住宅開発計画に反対して，土曜日に抗議集会を開くこととなった。

VII-A

『新 わかりやすい国連の活動と世界』から得た知識に基づき，(A)～(D) から空欄を埋めるのに最も適切なものを選びなさい。

51. 解答：C

解説 このパラグラフでは国連総会における表決に触れており，全加盟国に 1 票が与えられている。したがって，正解は C となる。

A. 機会　　B. 拒否権　　C. 票　　D. 要請

52. 解答：D

解説 (52) の前に admission（承認），そして後に expulsion（除名）があることから考えれば，正解は D と言える。

A. 留意　B. 予測　C. 結論　D. 停止

53. 解答：B

解説 総会には強制する権限がないと直前に述べられていることから，国連精神を踏まえればan expression of world opinionとしての勧告（recommendation）が次善の策と考えるのが妥当であろう。

A. 記念日　B. 総意　C. 考案　D. 破壊

54. 解答：A

解説 国連総会では，国連憲章の下に設置されている全ての国連機関に関する問題について審議することになっている。したがって，正解はAとなる。

A. 機関　B. 慈善機関　C. 産業　D. 企業

55. 解答：B

解説 国連総会は，安全保障理事会で審議中の紛争については，理事会の要請がない限り勧告はしないことになっている。したがって，正解はBとなる。

A. 法律　B. 紛争　C. 判事　D. 会議

訳例　総会は，国連の主要な審議機関である。全加盟国の代表から構成され，すべての国に（51）1票が与えられている。平和と安全保障に関する勧告，安全保障理事会の非常任理事国の選出，経済社会理事会および信託統治理事会の理事国のうち選挙によって選ばれる理事国の選出，新加盟国の承認，加盟国の（52）権利停止や除名，信託統治問題や予算事項などの重要問題の表決は，出席し投票した加盟国の3分の2の多数決が必要である。他の問題については，単純多数決によって表決される。

総会は，各国政府に対していかなる行動も強制する権限を持たない。その影響力は，世界の世論の（53）総意としての勧告という形で行使される。

総会は，国連憲章の範囲内の問題，もしくは憲章の下に設置された（54）国連機関に関する問題について審議し，加盟国あるいは安全保障理事会，あるいはその双方に勧告する。ただし，安全保障理事会が現に審議中の（55）紛争もしくは事態については，安全保障理事会から要請がない限り勧告しない。

『新 わかりやすい国連の活動と世界』p.63

VII-B 『新 わかりやすい国連の活動と世界』から得た知識に基づき，
4つの選択肢から空欄を埋めるのに最も適切なものを選びなさい。

56.　解答：A

解説 オランダのハーグにある国連の主要な司法機関は，国際司法裁判所である。

A. 国際司法裁判所　B. 安全保障理事会　C. 事務局　D. 総会

『新 わかりやすい国連の活動と世界』p.59 参照

57.　解答：C

解説 国際連合の前身は国際連盟（the League of Nations）である。

A. ヴェルサイユ条約　B. イギリス
C. 国際連盟　D. 第1次世界大戦

同上 p.42 参照

58.　解答：A

解説 国際連合という名称は，フランクリン・D・ルーズベルト米大統領が発案し，1942年に正式採用された。

A. 1942年　B. 1945年　C. 1948年　D. 1951年

同上 p.43 参照

59.　解答：D

解説 事務局が日常の業務で使用する言語は，英語とフランス語である。

A. 英語と中国語　B. 英語とドイツ語
C. 英語とアラビア語　D. 英語とフランス語

同上 p.45 参照

60.　解答：C

解説 国連の公式印章および標章は北極の上から見た世界地図である。

A. 赤道　B. 南極　C. 北極　D. アメリカ合衆国

同上 p.45 参照

Ⅷ-A 以下の各英文を読み，下記のそれぞれの質問に答えなさい。
下記の英文を挿入するのに最も適した場所を（A)〜(D）から選びなさい。

Passage 1

61．解答：A

解説 Yet に注目。(A）の直前で科学における女性や女児の積極的な参加に国際社会が努力してきたと述べているが，しかし（Yet)，実態は挿入文のような状況である，という展開になっている。したがって，正解は A となる。

62．解答：C

解説 (C）の直前の段落で，STEM 分野における女子学生の占有率が低いことに触れ，そしてその理由を述べているのが挿入文と理解できる。したがって，正解は C となる。

63．解答：B

解説 挿入文直前で STEM 関連分野に携わる女子研究者が少ないことに触れ，挿入文がその具体的な状況を示していると理解できる。したがって，正解は B となる。

語句 gender equality: ジェンダー平等　the 2030 Agenda for Sustainable Development: 持続可能な開発のための 2030 アジェンダ　STEM: science, technology, engineering, and mathematics の頭文字をとったもの　enrollment: 入学，入学者数　Gender Bias without Borders: 国境なきジェンダーバイアス　onscreen character: 映画上の登場人物　identifiable: 確認できる　the International Day of Women and Girls in Science: 科学における女性と女児の国際デー　steer A away from 〜: 〜から A を遠ざける

訳例　持続可能な開発のための 2030 アジェンダを含む，国際的に合意された開発目標の達成には科学とジェンダー平等の両方が不可欠である。これまで 15 年間，国際社会は女性や女児が科学に関心を持ち，実際に携わってもらえるように大変努力してきた。(A) しかしながら，彼女らが本格的に科学で活躍させてもらえない状態が続いている。

現状で世界の女性研究者は 30％未満である。(B) UNESCO のデータ（2014–2016）によると，全世界の女子学生のうち高等教育で STEM 関連分野を選択しているのはわずか 30％に過ぎない。世界中で女子学生の入学者数は，ICT（3％)，自然科学・数学・統計学（5％)，そして工学・工業・建設（8％）で特に

低い。

(C) 以前からの先入観やジェンダーに関する既成概念が女性と女児を科学関連分野から遠ざけてきている。現実社会と同様に映画の世界にも同様の先入観が反映されている——ジーナ・デイビス研究所の「国境のないジェンダーバイアス報告 2015」によると，映画の登場人物の中で STEM 関連の仕事に就いていると思える女性は，若干 12% しかいなかった。

女性や女児が科学に十分かつ対等にアクセスおよび参画できるように，またさらなるジェンダー平等と女性および女児の社会的地位向上のために，2月11日を科学における女性と女児の国際デーとする決議（A/RES/70/212）が国連総会で採択された。(D)

Ⅷ-B

Passage 2

64. 解答：C

解説 tackle はここでは to try to deal with a difficult problem（LONGMAN Dictionary of Contemporary English，以下 LDCE と記す）と解することができる。したがって，正解は C となる。

A. 攻撃する　B. 説得する　C. 取り組む　D. 開始する

65. 解答：A

解説 dissuade は to persuade someone not to do something（LDCE）の意味で，discourage にも to persuade someone not to do something, especially by making it seem difficult or bad（LDCE）の意味があることから，正解は A となる。

A. 思いとどまらせる　B. 奨励する　C. 助言する　D. 解任する

66. 解答：B

解説 conform はこの文脈では to obey a law, rule etc.（LDCE）の意味で用いられている。また，comply にも to do what you have to do or asked to do（LDCE）の意味があり，B が最も近いと言える。

A. 改正する　B. 従う　C. 強い影響を与える　D. 協力する

67.　解答：A

解説　本文中の the measure は，前段で触れられている“the policy approved in 2018”を指していると理解できる。したがって，正解は A となる。

A. 使い捨てレジ袋の使用を禁止する法律

B. 違法駐車に適用される罰金

C. 汚染された海岸

D. 通りのプラスチックボトルを回収する活動

68.　解答：B

解説　remnant はこの文脈では a small part of something that remains after the rest of it has been used, destroyed, or eaten（LDCE）の意味で用いられていると理解できる。したがって，正解は B となる。

A. 餌　　B. 残り物　　C. 形見　　D. 手段

69.　解答：C

解説　region には a large area of a country or of the world, usually without exact limits（LDCE）の意味がある。したがって，正解は C となる。

A. ジャングル　　B. 郊外　　C. 地域　　D. 概念

70.　解答：D

解説　この policy は，a way of doing something that has been officially agreed and chosen by a political party, a business, or another organization（LDCE）の意味で用いられていると理解できる。したがって，正解は D となる。

A. 保険会社との契約

B. 新聞にある特別なテーマに関する文章

C. 人生に関する実践的助言が載っている，短いがよく知られている主張

D. 政府，企業，あるいは他の組織によって承認された一連の計画や活動

語句　single-use: 使い捨て　isthmus: 地峡　dissuade ～: 断念させる，思いとどまらせる　retailer: 小売店，小売業者　wholesale store: 卸売店　non-compliance: 不服従，違反　entangle: もつれさせる，からませる　remnant: 残余物，残部　biodiverse: 生物多様な　Ellen MacArthur Foundation: エレ

ン・マッカーサー財団

訳例　土曜日，パナマは使い捨てプラスチックバッグ（レジ袋）の使用を禁止する中米初の国になった。海岸汚染に歯止めをかけ，国連が世界最大の環境課題と位置付ける (64) 取り組みを後押しするためである。その地域のチリやコロンビアを含む60を越える国々が使い捨てレジ袋使用の全面的ないし部分的禁止，あるいはレジ袋の使用を (65) 止めさせるための税を導入しており，約400万人からなる地峡国がその仲間入りをすることになった。

スーパーマーケット，薬局，小売店は，即刻これまでのポリエチレン製のレジ袋の使用をやめなければならない。一方，卸売店は，2020年までに2018年に決定された方針に (66) 従うことが求められる。それに違反すると罰金が科される可能性がある。しかし，生ものなどに関わる衛生面の理由でのレジ袋使用であれば例外となる。

パナマシティーの通りにある「バッグ（レジ袋）を減らし，より生き生きした生活を」と書かれたサインが通行人に (67) その法令がすでに施行されていることを気づかせてくれる。

「これは効果的な政策のように思える。というのは，通りや地域が汚れなくなるから」と，パナマシティーの中心街で事務職に就いている，42歳のビクトリア・ゴメスさんは話している。

世界で最も生物が多様な (69) 地域のラテンアメリカでは，鳥，カメ，アザラシ，くじら，そして魚がレジ袋の (68) 残骸を頻繁に摂取したり，それらに絡まったりしている。パナマ沿岸の，とりわけその近隣人口密集地域の海岸にプラスチックごみが散らかっているのをよく見かける。

新たな公害 (70) 対策がなされないまま消費量が予想通りに進むと，2050年には重量で魚より多いプラスチックが海洋に含まれることになると，エレン・マッカーサー財団が2016年公表の新プラスチック経済報告書で述べている。また，その頃にはプラスチック業界全体で石油全生産量の20%を消費することになると，報告書の中で述べている。

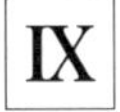

以下の英文を読み，下記のそれぞれの質問に答えなさい。

【長文問題の解答対策】

試験時間120分の中で，最終問題のessay writing直前にこの長文問題があることを考えると，時間不足の可能性が懸念される。時間配分をしっかりして臨むことが大切。

最初に質問および選択肢に目を通し，その内容を理解したうえで本文を読む方が効率的かもしれない。最後の質問No. 80以外は各パラグラフの内容に関するもので，しかもパラグラフ順に問われているので，該当するパラグラフと選択肢を照らし合わせていけば難なく解答できる。

英文の難易度が回数によって，あるいは扱われている内容・専門用語などによって異なることはあるが，日頃よりこの種の英文を読み慣れていれば戸惑うことは少ないと思う。

71. 解答：C

解説 本文中に“The group acquitted itself well in responding to the global financial crisis, ...”と述べられていることから，正解はCとなる。

第1パラグラフで述べられているのは次のどれか。
A. G20サミットは原則毎年1回開催される。
B. 2008年のサミットに約170カ国が招待されなかった。
C. G20は世界的な金融危機への対応でうまくいった。
D. 保護貿易主義に立ち向かうのに国際政策協調が不可欠である。

72. 解答：A

解説 本文中に“To this day, the G7's exclusion of China is a glaring omission, ～”と述べられていることから，正解はAとなる。

第2パラグラフから言えるのは次のどれか。
A. G7は中国をメンバーに加えるべきである。
B. 現在のグローバルガバナンス構造はかなりいい。
C. 著者はG20初の成果に貢献した。
D. BRIC諸国では税制度の全面的な見直しが必要である。

73. 解答：D

解説 大阪サミットの成果について“Indeed, the only relevant development to come from the summit was an agreement on the sidelines between US President Donald Trump and Chinese President Xi Jinping, ...”と述べていることから，期待された成果が得られなかったと判断できる。したがって，正解はDとなる。

第 3 パラグラフから言えるのは次のどれか。

A. G20 大阪サミットで多くの具体的な成果が得られた。

B. G20 大阪サミットの後，米中関係がさらに悪化した。

C. 米中両国の指導者が G20 サミットの際に会うことはなかった。

D. G20 大阪サミットは国際協調のプラットフォームとして有効に機能しなかった。

74. 解答：D

解説 本文中に “Its membership represents around 85% of global GDP ～” とあるように，G20 加盟国が占める世界 GDP の割合は，“three-fifths” (60%) ではなく，85%である。したがって，正解は D となる。

2019年 第2回 解答・解説

第 4 パラグラフで述べられていないのは次のどれか。

A. ナイジェリアは G20 のメンバーでない。

B. ベトナムが将来 G20 に加わる可能性はある。

C. 多くの主要新興経済国が G20 に加わっている。

D. G20 参加国が世界 GDP の 5 分の 3 を占める。

75. 解答：C

解説 “it (= the G20) has proven utterly incapable of advancing any solutions to them.” と述べられていることから，正解は C となる。

第 5 パラグラフに述べられているのは次のどれか。

A. 貧困の根絶は，世界が現在直面している最大の課題である。

B. 国際政策調整のための新たなフォーラムづくりが何よりも重要である。

C. G20 加盟国のリーダーは世界規模の課題に対する解決策を示すことができていない。

D. 議論は少なくし，もっと行動する必要があると G20 大阪サミットのコミュニケには述べられている。

76. 解答：B

解説 “though it (= G20) is representative, it is also far too large” と述べら

れていることから，正解は B となる。

第 6 パラグラフで述べられているのは次のどれか。
A. 代表の任をしっかり果たせる G7 という著者の提案はオーストラリアに拒否された。
B. G20 の欠陥は加盟国が多過ぎることである。
C. 近い将来，カナダが G20 から除外される可能性が高い。
D. 著者が提案している，加盟国からなる新たな組織は世界 GDP の 90% を占めることになる。

77. 解答：C

解説 "The G20's second deficiency is that it (as well as the G7) lacks an objective framework through which to set goals ～" と述べられていることから，正解は C となる。

第 7 パラグラフで述べられているのは次のどれか。
A. G20 指導者は貿易および地政学的緊張感の緩和を大きく前進させた。
B. 国民皆保険問題が間際になって G20 大阪サミットのアジェンダに加えられた。
C. 目標設定のための客観的フレームワークを G20 は持っていない。
D. G20 フレームワーク内の国際政策調整は，10 年前は重要であった。

78. 解答：B

解説 "～ to discuss outstanding issues such as antimicrobial resistance, which was added to the G20 agenda in 2016" と述べられていることから，正解は B となる。

第 8 パラグラフで述べられているのは次のどれか。
A. 環境保護団体は G20 大阪サミットの成果に否定的な反応を示した。
B. 2016 年開催された G20 サミットで抗菌薬耐性が議論の焦点となった。
C. G20 大阪サミットで国民皆保険についてほとんど進展がなかった。
D. 日本の首相はアメリカ大統領に対するリップサービスに多くの時間を

費やした。

79. 解答：D

解説 “Without a concerted international response, drug-resistant superbugs could take ten million lives per year by 2050, resulting in a cumulative loss of around $100 trillion in global output.” と述べられていることから，正解は D となる。

第 9 パラグラフから言えるのは次のどれか。
A. 自動車産業の生産力が落ちている。
B. 薬品製造がアメリカで最も利益の上がるビジネスである。
C. WHO は新抗生物質の研究および開発を禁止するだろう。
D. スーパー耐性菌がこれからの人間の健康に脅威を与えることになる。

80. 解答：A

解説 世界情勢が大きく変化している中で，初期の目的が薄らぎ，G20 は世界規模の課題に適切に対処できない状況にある。そこで G20 自体が新たに生まれ変わり，そのような課題に適切に対処するために，国際政策協調できるフレームワークになることが不可欠である。本記事はこのような趣旨と理解できる。したがって，正解は A と言える。

この記事に最適な見出しは次のどれか。
A. G20 はまだ重要か　　B. 世界経済
C. 米中貿易戦争　　D. G20 サミットとは何か

語句 craft: を作る　acquit oneself well: 立派に振る舞う　silver lining: 希望の兆し　glaring: 紛れもない　abide by ～: ～に従う　broker: 調停する　marginalize: 過小評価する，除外（無視）する　abdicate: 放棄する　custodian: 管理人　emerging economies: 新興経済国　grandiose: 壮大な，大げさな　entrepreneur: 起業家　deficiency: 不足，欠陥　fluid: 不安定な　universal health care: 国民皆保険　worthy cause: 価値ある目的　antimicrobial resistance: 抗菌薬耐性（= AMR）　antibiotics: 抗生物質　drug-resistant superbug: スーパー耐性菌　take ～ lives: ～人の命を奪い取る

訳例　（それぞれの番号は各パラグラフの番号である）

1. G20の指導者が2008年末に初のサミットを開催した時は，地球的規模の問題の共通解に向けた，さまざまな国のそうそうたる代表から成るフォーラムに思えたことから，多くの人が歓迎しました。G20は，世界的な金融危機の対応ではしっかりその任を果たしました。また，国際政策協調のためのフォーラムとして登場したことが，しばらくはその困難な状況の中の唯一の希望の兆しに思えました。
2. 確かに私はG20初の成果を称賛している人間の1人でした。私が，21世紀世界経済の重要な特徴としてBRIC諸国（ブラジル，ロシア，インド，中国）の台頭を挙げたのが2001年で，それからグローバル・ガバナンス体制の大幅な見直しを訴えてきました。その時主張したように，G7（カナダ，フランス，ドイツ，イタリア，日本，イギリス，アメリカ）による継続的支配は，2000年代初頭の複雑化する世界にはますますそぐわなくなってきています。今日まで，中国をG7が排除してきたことは紛れもない怠慢であり，通貨を共有し，財務および通貨上の同一政策ルールを順守している国の大半がヨーロッパ諸国であることで，さらに悪化しています。
3. 残念ながら，日本の大阪で先月開催されたG20サミット後，その会議もその本来の目的を失ってきているのではないかと思わざるを得ません。事実，そのサミットとの関わりで進展したのは，両国の貿易戦争におけるもう1つの“休戦”（協定）という，サミットの外でのトランプ米大統領と習近平中国国家主席による合意だけでした。
4. アメリカが国際秩序の管理人としての役割を放棄している現状にあって，グローバル・ガバナンスがおしなべて軽んじられているのが問題なのは言うまでもありません。しかしながら，G20自体にも問題はあります。その一方で，世界的な対話を促進するのにふさわしい媒体のようにもみえます。その加盟国が世界GDPの約85%を占めており，西欧型自由民主主義を採用していない国を含む，多くの主要新興経済国が含まれています。アフリカ最大の経済国で最も人口の多いナイジェリアは別にして，そこでの議論に参加してもらいたい国は加わることができます。そして将来，ベトナムや他の数カ国が加わると思われます。
5. 他方，G20は，グローバルな課題が存在することを知らせるために膨大なコミュニケをうまくだしてきましたが，そのことによって課題解決策を前へ進めることが全くできないことを証明することになってしまいました。確かに，世界で破綻している何もかもを役人の寄り集まりが元の状態に戻してくれると思うこと自体，非現実的だと言えなくもありません。変革の必要性について政治指導者に働きかけ，説得するのは，むしろ，活動家，起業家，そして他の創造的な思索家の義務なのです。協調して取り組む以外に解決策のない，地球規模の問題となれば，G20に代わるものはありません。たとえ，政治指導者があらゆる正しい考えを採用したとしても，その考えを協調的政策に変えていくためのフォーラムが彼らに必要となるのです。

6. G20のこの先には2つの障壁が立ちはだかっているように私には思えます。1つ目ですが，G20は代表的な組織ですが，やはりあまりにも大き過ぎます。2001年から私が主張してきているように，世界が真に必要としているのは，アメリカ，日本，EU，そしてBRIC諸国から成り，代表の任をしっかり果たせるG7なのです。この新たな組織はG20内に位置付けられ，世界GDPの4分の3を占めることになります。カナダやブレグジット後の英国は現在の影響力を幾分弱めることになりますが，同じような状況にあるオーストラリアのような国を下回ることはないでしょう。なので，心配する必要はありません。近い将来，この規模を外交面から全面的に見直しする必要はなくなるでしょう。
7. 目標を設定し，その進捗状況を評価する客観的枠組みを持っていないことが，（G7と同じく）G20の2番目の欠陥です。G20が10年前に初めて成果を上げて以来，ホスト国が年次会議のたびにそれまで取り上げられてきた議題にさらに新たなものを付け加えることから，アジェンダが不安定なものになっています。大阪サミットでは，日本政府がユニバーサル・ヘルス・ケア（国民皆保険）をアジェンダに載せました。
8. ユニバーサル・ヘルス・ケアが価値ある目的であることを疑う人は誰もいません。ところが，各加盟国の医療サービス拡大のための支援をG20はこれまで全く行ってきていないのです。さらに，この新たな目標のリップサービスに費やしてきた時間を2016年にG20アジェンダに付け加えられた抗菌薬耐性（AMR）のような未解決課題の解決に使うことができたはずなのですが，それもやっていません。最新のコミュニケでのAMRに関する言葉は，前回サミットのそれと極めて似ており，進展がほとんどないことを示唆しています。
9. その一方で，新たな抗生物質市場が急速に悪化しています。国際的な協調姿勢がなければ，スーパー耐性菌が2050年までに年間1,000万人の命を奪う可能性があり，それにより世界総生産量の累積損失が約100兆ドルになります。いま世界が必要なのは，空虚な言葉ではなく，行動なのです。

X 以下の質問に対して，80～100語のエッセーを英語で書きなさい。

質問：世界にとって最大の脅威は何か。それはなぜか。

（語数を記入する必要はありません）

【Essay writing 問題の解答対策】

essay writing では，introduction, body part，そして conclusion の 3 パート構成が基本。

introduction では質問に対する自分の考えを簡潔に述べる。body part では，その理由，根拠を具体的に示す。そして，conclusion では，introduction で述べた考えを再度確認，補強するような展開にする。

時事問題，とりわけ国連関係の出来事には日ごろより関心を持ち，自分なりの考え，意見を持つようにしておきたい。

解答例 I think that global warming is one of the biggest threats to the world. It is often said that global warming has caused the temperature to rise, leading to various problems such as climate change and sea level rise. Cop 25, which should be the international core organization for it, has not worked effectively, with America out of the forum. Also there are differences in concrete policies between advanced and developing countries.

It seems difficult to solve this problem without international cooperative action. For Cop 25 to take effective actions, America should feel more responsible for the problem, and get back to the gathering.

構成 ① introduction: 地球温暖化を世界最大の脅威に挙げた。

② body: 地球温暖化により気温が上昇し，気候変動や海面上昇など世界的な問題を引き起こしているが，Cop25 がそれに対して効果的な手を打てていないのが現状。先進国と開発途上国間の意見の相違などがその一因になっている。

③ conclusion: 中でもアメリカの離脱が大きな要因になっていると言える。したがって，まずアメリカが責任の重大さを痛感し，Cop25 に復帰することが最も大事ではないか。これを結論とした。

2019年B級第2回試験　正解一覧

Ⅰ

1. D　2. D　3. A　4. C　5. C　6. A　7. B　8. B　9. C　10. B

Ⅱ

11. D　12. D　13. C　14. C　15. B　16. B　17. A　18. C　19. B　20. A

Ⅲ

21. D　22. A　23. D　24. B　25. C　26. C　27. B　28. A　29. A　30. D

Ⅳ

31. A　32. C　33. B　34. D　35. D　36. A　37. A　38. B　39. D　40. C

Ⅴ

41. D　42. B　43. A　44. D　45. C

Ⅵ

46. B　47. A　48. D　49. B　50. D

Ⅶ-A

51. C　52. D　53. B　54. A　55. B

Ⅶ-B

56. A　57. C　58. A　59. D　60. C

Ⅷ-A

61. A　62. C　63. B

Ⅷ-B

64. C　65. A　66. B　67. A　68. B　69. C　70. D

Ⅸ

71. C　72. A　73. D　74. D　75. C　76. B　77. C　78. B　79. D　80. A

2020年
第2回試験
問題

B級試験問題用紙

外務省後援

2020年度第2回国際連合公用語

英語検定試験（120分）

受験上の注意

1. 問題用紙は試験開始の合図があるまで開いてはいけません。その間に、この**受験上の注意を熟読**しておいてください。
2. **受験番号と氏名を２枚の解答用紙（マークシートと作文用紙）**に記入してください。
3. 解答用紙の配布は１人１部のみです。複数の配布は致しません。
4. 試験開始前は、答案への解答記入は禁止です。
5. マークシートの記入は、１～100までの記入箇所がありますが、この級では１～80までを使います。
6. マークシートの記入は、必ずＨＢ以上の濃い鉛筆を使って該当箇所を黒く塗りつぶしてください。書き間違いの場合は「アト」が残らないように消してください。マークシートは絶対に折ったり曲げたりしないでください。
7. 受験級、受験地区、会場番号、受験番号のマークシートへの記入は監督者の指示に従い、間違いなく記入してください。**(裏表紙の「マークシート記入例」参照)**
8. 作文は、⑴ 読みやすい文字をペン、ボールペンまたはＨＢ以上の濃い鉛筆で書いてください。⑵ 使用語数の80～100語を目安にしてください。
9. 試験問題についての質問は、印刷が不鮮明な場合を除き、一切受けつけません。
10. 中途退室の際は、マークシートと作文用紙を持って監督者に渡し、他の受験者の迷惑にならないように静かに退室してください。中途退室後の再入室はできません。
11. 試験中は他の受験者の妨げとなる行動は慎んでください。また携帯電話等の電源はお切りください。
12. マークシートと作文用紙は監督者に提出し、問題用紙はご自由にお持ち帰りください。

＊試験問題の複製や転載、インターネットへのアップロード等、いかなる媒体への転用を禁止します。

リスニングテストについて

1. リスニングテストは試験開始後、合図があってから実施されます。(40問あります)
2. リスニングテストが始まる前にリスニング問題の指示と内容を読んで、どういう形式のテストなのか、概要をつかんでおいてください。
3. テスト中の発言は、放送機器の具合が悪く放送された英語の聴き取りができない場合を除いて、しないようにしてください。

試験結果について

1. 試験の結果は2020年11月25日㈬頃に受験申込書に記載された住所に郵送で通知します。
2. その間に住所変更をされた方は、郵便局へ住所変更の届け出を忘れずに行ってください。
3. 発表前の試験結果のお問合せには応じられません。

I. Directions: You will hear 10 statements or questions. For each statement or question, choose the most appropriate response and mark your answer on your answer sheet.

1. A. Let's check online.
B. I like thrillers.
C. It opens at 3 p.m.
D. Let's buy some popcorn.

2. A. It all went very well.
B. My daughter had the flu.
C. We picked up a lot of trash.
D. The waves were quite high.

3. A. The panelists were excellent.
B. It's premiering tonight.
C. It's on the tip of my tongue.
D. The main actor was handsome.

4. A. I like it too.
B. It's made in China.
C. She looks good in it.
D. It's actually polyester.

5. A. I was born in May.
B. Sure. My name is Donna.
C. I'm very cold.
D. A woman never tells.

6. A. I'll be there at 7 p.m.
B. I'll do my best.
C. Are you nervous?
D. Thank you very much.

7. A. What about my family?
B. I'm pleased to hear that.
C. But I might fall.
D. What do you regret most?

8. A. I know what it is.
B. The light was green.
C. I didn't see the sign.
D. My car navigator is broken.

9. A. You got a raise last year.
B. He's not good at mathematics.
C. You're perfect for the job.
D. We'd have to look at the budget.

10. A. She won't win the prize this time.
B. The results haven't been tallied.
C. The total was over $200,000.
D. She's over 180 centimeters tall.

II. Directions: You will hear 10 short conversations. Choose the best answer for each follow-up question and mark your answer on your answer sheet.

11. A. They won't see each other again.
B. The woman will buy a dog.
C. They will go to the photo exhibition.
D. The man will sell his cat.

12. A. Go to the north gate
B. Call a taxi
C. Wait at the south gate
D. Walk around the university

13. A. It's not Saturday or Sunday.
B. The man will apply for a library card.
C. The man doesn't like to read books.
D. The library is open to the public every day.

14. A. David will be sent to a computer skills seminar.
B. All employees will get a 'computer game' break.
C. No one will be able to play computer games.
D. The boss will start playing computer games.

15. A. Order online B. Drive to the store
C. Borrow from the neighbors D. Phone the gas company

16. A. A Presidential advisor B. The President's best friend
C. A journalist D. A construction worker

17. A. At one thirty B. In the morning
C. During lunch D. At two o'clock

18. A. Hot milk B. Regular coffee
C. Lemon tea D. A diet cola

19. A. Have some drinks at a bar B. Sell her stocks
C. Complain to her bank D. Buy more stocks

20. A. Well qualified B. Not a good choice
C. Lots of experience D. A very good choice

III. Directions: You will hear five conversations. After each conversation, you will hear two follow-up questions. Choose the best answer for each question and mark your answer on your answer sheet.

[Conversation 1]

21. A. It isn't important.
B. It refers to the year.
C. No one knows the meaning.
D. It means 'Why?', 'Why?', 'Why?', 'Why?'

22. A. 07 / 07 / 1999
B. 7 / 07 / 1999
C. 7 / 7 / 99
D. 707 / 1999

[Conversation 2]

23. A. His parents
B. The electric company
C. A wedding planner
D. His company

24. A. The right to not be contacted on holidays
B. The right to hang up the phone
C. The right to work at home
D. The right to not work on holidays

[Conversation 3]

25. A. Ungrateful
B. Agreeable
C. Irritated
D. Friendly

26. A. Organizational skills
B. Presentation skills
C. Evenhandedness
D. Desire to lead

[Conversation 4]

27. A. Arabic
B. French
C. Russian
D. Esperanto

28. A. It's difficult to learn.
B. Only people in France use it.
C. It's not a global language.
D. Many people don't like French food.

[Conversation 5]

29. A. She won't work overtime. B. She won't be able to work.
C. She won't know how to cook. D. She won't like her husband.

30. A. Single motherhood
B. No education, employment or training
C. Over-protective parenting
D. Parasite singles

IV. Directions: You will hear two short talks. After each talk, you will hear five follow-up questions. Choose the best answer for each question and mark your answer on your answer sheet.

[Talk 1]

31. A. A university English teacher
B. An education expert
C. A foreign student
D. A high school English teacher

32. A. To teach an English grammar point
B. To scold students who use Japanese
C. To urge students to come to class
D. To explain a new class activity

33. A. A baseball game B. A test in another class
C. The weather D. Their future dream

34. A. Have fun B. Use more natural English
C. Gain confidence D. Improve listening skills

35. A. Japanese teachers can't teach English.
B. Japanese is a difficult language.
C. Students can't concentrate during class.
D. Only native speakers can speak English.

[Talk 2]

36. A. A biologist
B. A photographer
C. A philosophy professor
D. A student

37. A. A musician
B. A psychologist
C. A philosopher
D. A novelist

38. A. A ball
B. A pencil
C. A vase
D. A test tube

39. A. Children learn early to be altruistic.
B. Altruism could be biological.
C. Children want to survive.
D. Children like to draw.

40. A. Doing volunteer work
B. Saving money for the future
C. Picking up a pencil
D. Taking money from a lost wallet

V. Choose from among the four alternatives the one that best completes each of the following sentences.

41. Britain will ban the sale of new gasoline, diesel and hybrid cars from 2035, (　　　　　).
A. five years earlier than planned
B. planned years earlier than five
C. earlier than five planned years
D. years earlier than planned five

42. Togo President Faure Gnassingbe has won (　　　　　), the national electoral commission declared on Monday.
A. a term in power fourth
B. a fourth term in power
C. term power in a fourth
D. a term fourth in power

43. **The Japanese government has been pushing for more fathers to (   ) as the country faces a demographic crisis.**

A. leave paternity take B. take leave paternity
C. leave take paternity D. take paternity leave

44. **One in two Australians have donated money to support (   ), a new survey showed over the weekend.**

A. relief efforts bushfire B. efforts bushfire relief
C. bushfire relief efforts D. relief bushfire efforts

45. **Dutch Prime Minister Mark Rutte on Sunday made the Netherlands' first government apology for (   ).**

A. the wartime persecution of Jews
B. wartime Jews of the persecution
C. Jews of the persecution wartime
D. persecution of the Jews wartime

VI. Choose from among the underlined words or phrases the one that is grammatically or idiomatically incorrect.

46. **(A) In May 2019, the World Health Organization (B) labeled gaming addiction as (C) an illness, similar to (D) those of alcohol and gambling addictions.**

47. **The Tokyo metropolitan government (A) is experimenting with giving reward points to citizens (B) who engage in activities (C) that are (D) in lines with the U.N. Sustainable Development Goals.**

48. **Japan has filed a petition (A) against South Korea with the World Trade Organization accusing Seoul (B) of providing (C) excessive aids to the domestic shipbuilding industry, (D) informed sources said Saturday.**

49. **(A) Britain's foreign minister will visit Australia, Japan, Singapore and Malaysia (B) over the next few days as part of efforts to secure (C) free trade deals now that the country has left (D) European Union.**

50. **U.S. President Donald Trump issued (A) an expanded version of his travel ban on Friday (B) when targets prospective immigrants from Nigeria and five other countries, (C) a move that could affect (D) thousands of people.**

VII. Choose the best answer from the choices marked (A), (B), (C), and (D) to fill in the blanks based on the knowledge gained from *New Today's Guide to the United Nations.*

The Security Council has primary responsibility, under the Charter, for the **(51)**_________ of international peace and security. The Security Council is composed of five permanent members — China, France, the Russian Federation, the United Kingdom and the United States — and 10 non-permanent members, elected by the General Assembly for **(52)**_________ terms and not eligible for immediate re-election.

Each member of the Security Council has one vote. Decisions on matters of procedure require the **(53)**_________ of at least nine of the 15 members. Decisions of all other matters also require nine votes, including the concurring votes of all five permanent members. A State which is party to a dispute is not **(54)**_________ to vote on measures designed to settle that dispute peacefully.

A negative vote by any permanent member on a nonprocedural matter, often referred to as the "veto", means rejection of the draft resolution or proposal, even if it has received nine **(55)**_________ votes. This is known as the rule of "Great Power Unanimity". All five permanent members have exercised the right of veto at one time or another.

51. A. creation　B. budget
C. advertisement　D. maintenance

52. A. two-year　B. three-year
C. four-year　D. five-year

53. A. arms　B. approval
C. rejection　D. excitement

54. A. permitted　B. educated
C. urged　D. prohibited

55. A. spoiled　B. undecided
C. affirmative　D. conservative

Choose the most appropriate of the four alternatives according to your knowledge and the information gained from *New Today's Guide to the United Nations*.

56. Any country wishing to become a member of the United Nations must submit an application to

A. the Human Rights Council
B. the Secretariat
C. the Security Council
D. the General Assembly

57. The finances of the United Nations are controlled by

A. the International Court of Justice
B. the General Assembly
C. the Security Council
D. the Secretariat

58. The influence of the General Assembly is exercised through the weight of its recommendations as an expression of

A. world opinion
B. sympathy
C. thanks
D. regret

59. Fifteen judges of the International Court of Justice are chosen on the basis of their

A. nationality
B. income
C. academic background
D. qualifications

60. Financially, the ratio of Japan's contribution to the UN regular budget (8.564% as of 2019 to 2021) is

A. the second highest
B. the third highest
C. the fourth highest
D. the fifth highest

Ⅷ. Read each of the following passages and answer the questions that follow.

[Passage 1: Questions 61 to 63]

On this International Day, we are celebrating education's powerful influence on action in support of the four Ps on which our future depends: action for people, for prosperity, for the planet and for peace.

UNESCO, charged with coordinating the international community's efforts to achieve Sustainable Development Goal 4, quality education for all, has a particular responsibility in this context. **(A)**

First and foremost, our Organization takes action for people, by making education an instrument of inclusion and, therefore, of empowerment.

The major literacy campaigns on which UNESCO's history is built, and which continue today, have thus opened up a world of opportunities for millions of men and women. Today, it is to unlock people's potential that UNESCO is working to foster student mobility by adopting, at the 40th session of the General Conference, the first global convention on the recognition of qualifications in higher education. **(B)**

Taking action for education also means taking action for prosperity, because education is the best investment for the future. **(C)** It is for this reason that UNESCO places particular emphasis on the promotion of girls' and women's education through its Her Education, Our Future initiative.

Education also provides key solutions for a planet threatened by a climate imbalance, the consequences of which become more obvious with each passing day. Only education has the power to sustainably change societies' behavior, as necessitated by the challenge of global warming. This is why UNESCO has called on all its Member States to incorporate environmental education into their curricula, from nursery school to university. **(D)**

Finally, education is the cornerstone of peace. Education is an opening up to others, a path of intelligence which leads to intercultural understanding, to reconciliation, to fellowship. This is the meaning of the global citizenship education promoted by UNESCO.

61. Choose the best place from among (A), (B), (C), and (D) where the following sentence can be inserted:

Education is, in the medium and long term, the most effective means of reducing poverty and inequality and encouraging social inclusion.

62. Choose the best place from among (A), (B), (C), and (D) where the following sentence can be inserted:

It is for this reason that we take action for each of the four Ps.

63. Choose the best place from among (A), (B), (C), and (D) where the following sentence can be inserted:

We will share our expertise with States in order to reach this objective.

[Passage 2: Questions 64 to 70]

French President Emmanuel Macron on Saturday promised to safeguard European farm subsidies, secure **(64)** **<u>compensation</u>** for wine producers hit by U.S. tariffs and defend fishermen in talks with Britain, as France's farming world faces an uncertain year.

Opening the annual Paris farm show, Macron said France would continue to oppose cuts to agricultural subsidies, a day after discussions **(65)** **<u>broke down</u>** on a new European Union budget without Britain.

Like his predecessors, Macron vowed to maintain a large budget for **(66)** **<u>the bloc's</u>** Common Agricultural Policy (CAP), of which France is the main beneficiary.

"On the CAP we defend an ambitious budget. CAP cannot be the adjustment variable of Brexit. We need to support our farmers," Macron told farmers.

"We did not **(67)** **<u>yield</u>** to those who wanted to reduce the CAP budget," he added.

Meeting wine industry representatives, the president pledged to get compensation for U.S. tariffs in place by the spring, Jerome Despey, a wine grower and secretary general of France's main farmer union, the FNSEA, said afterwards.

Macron has previously backed tariff relief for wine producers and said he has **(68)** **<u>raised</u>** the issue with the European Commission.

French wine is among EU products subject to the U.S. tariffs as part of an aircraft subsidy dispute. French wine exporters estimate the **(69)** **<u>duties</u>** led to a 40 million euro drop in sales to the United States in the last **(70)** **<u>quarter</u>**.

Macron also voiced support for the fishing sector, which risks losing current access to British waters as the EU negotiates a new relationship with Britain.

64. In this context, the word "compensation" is closest in meaning to

A. the fact of winning a competition or battle

B. kindness you give to someone who is having a difficult time

C. money that someone receives for the work they do

D. money that someone receives because something bad has happened to them

65. In this context, the phrase "broke down" is closest in meaning to

A. failed　B. stopped working

C. took place　D. stopped being successful

66. In this context, the phrase "the bloc" refers to

A. the French government　B. the European Union

C. the Paris farm show　D. Britain and the U.S.

67. In this context, the word "yield" is closest in meaning to

A. surrender　B. complain

C. produce　D. resist

68. In this context, the word "raised" is closest in meaning to

A. increased　B. collected

C. brought up　D. settled

69. In this context, the phrase "duties" is closest in meaning to

A. work　B. penalties

C. taxes　D. obligations

70. In this context, the word "quarter" is closest in meaning to

A. a period of three months　B. a period of four years

C. an area of a town　D. a coin used in the U.S.

IX. Read the following passage and answer the questions that follow.

([1] ~[10] indicate paragraph numbers.)

[1] The year 2020 will be a massive year for gender equality. And the benefits of gender equality are not just for women and girls, but for everyone whose lives will be changed by a fairer world that leaves no one behind. It's the year for what we call "Generation Equality." With the leadership of civil society, we're mobilizing to realize women's rights, and to mark 25 years of implementing the Beijing Platform

for Action.

2 We're enabling women to influence the decisions about their future. Generation Equality tackles issues of women across generations, from early to late years, with young women and girls at the center.

3 We don't have an equal world at the moment and women are angry and concerned about the future. They are radically impatient for change. It's an impatience that runs deep, and it has been brewing for years.

4 We do have some positive changes to celebrate. For example, there has been a 38 percent drop in the ratio of maternal deaths since 2000. Also, 131 countries have made legal reforms to support gender equality and address discrimination. Twenty-five years ago, discrimination of women was legislated in many countries. Today, more than three-quarters of countries have laws against domestic violence in place. And more girls are in school than ever before, with more women in tertiary education than men globally.

5 But even though there has been progress, no country has achieved gender equality. Our best hasn't been good enough. Challenges remain for all countries, although many of them are not insurmountable.

6 Meantime, girls are making no secret of their disappointment with the stewardship of our planet, the unabated violence directed against them and the slow pace of change in pivotal issues like education. For example, despite improved school enrollment, one in 10 young women today are still unable to read and write. This has to change in order for girls to fully own their power, take their place in the world, and play their vital role in technology and innovation.

7 Another priority target for our impatience is the lack of women at the tables of power. Three-quarters of all parliamentarians in the world are men. A proven solution is to introduce legally binding quotas for women's representation. Nearly 80 countries have already successfully done so and a few States have gender-balanced cabinets and explicitly feminist policies. This is a desirable trend that we need to see more of in both public and private sectors, where overall the proportion of women in managerial positions remains around 27 percent, even as more women graduate from universities.

8 The same goes for women at the peace table, where the vast majority of the negotiators and signatories are men. We know women's involvement brings more lasting peace agreements, but women continue to be marginalized. Women's groups and human rights defenders face persecution and yet are ready to do more. For this they desperately need increased security, funding and resources.

9 My greatest impatience is with unmoving economic inequality. Women and girls use triple the time and energy of boys and men to look after the household. That costs them equal opportunities in education, in the job market and in earning power. Young women raising families are 25 percent more likely than men to live in extreme poverty, affecting millions of young children, with impacts that last into

later life for both mother and child. The solution includes good policies that promote more equality in childcare responsibilities. Also, States should provide support to families as well as women who work in the informal economy.

10 So, though we are radically impatient, we are not giving up and we are hopeful. We have growing support from allies and partners who are ready to tackle barriers against gender equality. We see the driving will for change across generations and countries. We are locating issues that unite us and that offer opportunities to disrupt the status quo. Lessons learned in the last 25 years have shown us what is needed to accelerate action for equality. Generation Equality is one of our answers and together, we are that generation.

71. Which of the following is mentioned in Paragraph 1?

A. The benefits of gender equality include economic prosperity.
B. The Beijing Platform for Action aims to eradicate poverty.
C. Not everyone benefits equally from gender equality.
D. Everyone benefits from gender equality.

72. Which of the following is mentioned in Paragraph 2?

A. Generation Equality addresses the issues facing women across generations.
B. It is important for more men to stand up for women's rights and gender equality.
C. Generation Equality places middle-aged women's rights at the center of all its efforts.
D. Women offer different perspectives and interests in the decision-making process.

73. Which of the following can be inferred from Paragraph 3?

A. Women are more concerned about climate change than men.
B. Women have waited long enough for gender equality.
C. Lifestyle changes are hard to make for many people.
D. Creating an equal world is everyone's responsibility.

74. Which of the following is mentioned in Paragraph 4?

A. The vast majority of maternal deaths are preventable.
B. Discrimination against women persists in many areas.
C. Women outnumber men in higher education worldwide.
D. Girls outperform boys in terms of learning outcomes in schools.

75. **Which of the following is mentioned in Paragraph 5?**

A. The fight for gender equality is not over yet.

B. Progress on women's rights has stalled in the past decade.

C. Many countries ignore the challenges facing women and girls.

D. Everyone deserves the opportunity to reach their full potential.

76. **Which of the following is mentioned in Paragraph 6?**

A. Two-thirds of people unable to read and write are women.

B. It is necessary to improve literacy rates among young women.

C. There is currently a low proportion of women studying science.

D. New technologies such as artificial intelligence hold great promise.

77. **Which of the following is NOT mentioned in Paragraph 7?**

A. Globally, the majority of parliamentarians are male.

B. The number of gender-balanced cabinets is increasing rapidly.

C. Overall, in both public and private sectors, about one in four managers are women.

D. Many countries have legislated quotas for women's representation in parliaments.

78. **Which of the following is mentioned in Paragraph 8?**

A. More funding is needed to improve the livelihoods of women.

B. A higher level of women's representation in politics is desirable.

C. Gender equality makes our communities safer and healthier.

D. Women's participation in peacebuilding is limited.

79. **Which of the following is mentioned in Paragraph 9?**

A. Men are beginning to take on more housework and childcare duties.

B. More state support should be provided to families caring for the elderly.

C. Learning opportunities of young women are compromised by out-of-school factors.

D. Women continue to experience widespread discrimination in the workplace.

80. **Which of the following is mentioned in Paragraph 10?**

A. Gender equality is crucial to sustainable development.

B. Many people think achieving gender equality is difficult.

C. Support in breaking down barriers to gender equality is growing.

D. Radical transformation through political will is necessary for gender equality.

X. Write a short essay of around 80-100 words in English to answer the following question:

What can Japan do to promote peace in the Asia Pacific region?

(You do not need to write down the number of words.)

マークシート記入例

東京の本会場でB級を受験する、国連 太郎さん、受験番号が「東京01-30001」、生年月日が「1980年10月24日」の場合の記入例です。

【受験番号/氏名】
それぞれ受験票の記載通りに記入してください。

受験番号	東京01-30001
氏 名	国連 太郎

【受験地区】
受験記号・番号の、都道府県部分を塗りつぶしてください。

【会場番号】
都道府県部分に続く2桁の数字を塗りつぶしてください。

【受験番号】
ハイフン（－）以降の5桁の数字を塗りつぶしてください。

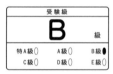

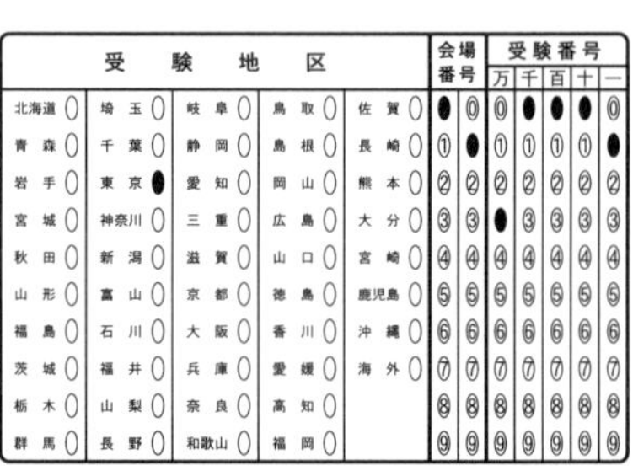

受験地区					会場番号		受験番号 万	千	百	十	一
北海道	埼玉	岐阜	鳥取	佐賀	0	0	0	0	0	0	0
青森	千葉	静岡	島根	長崎	1	1	1	1	1	1	1
岩手	東京	愛知	岡山	熊本	2	2	2	2	2	2	2
宮城	神奈川	三重	広島	大分	3	3	3	3	3	3	3
秋田	新潟	滋賀	山口	宮崎	4	4	4	4	4	4	4
山形	富山	京都	徳島	鹿児島	5	5	5	5	5	5	5
福島	石川	大阪	香川	沖縄	6	6	6	6	6	6	6
茨城	福井	兵庫	愛媛	海外	7	7	7	7	7	7	7
栃木	山梨	奈良	高知		8	8	8	8	8	8	8
群馬	長野	和歌山	福岡		9	9	9	9	9	9	9

【受験級】
「B」と記入し、下段のB級部分を塗りつぶしてください。

受験級		
B 級		
特A級	A級	B級
C級	D級	E級

【生年月日】
4桁の西暦・月・日を塗りつぶしてください。
10未満の月・日の十の位は、「0」を塗りつぶしてください。

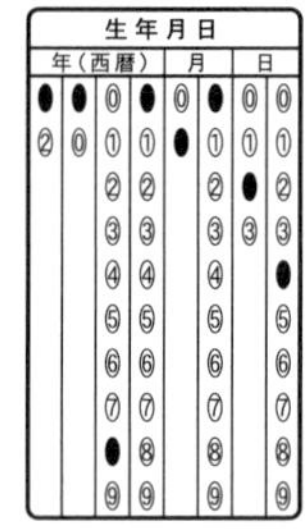

生年月日 年（西暦）				月		日	
1	1	0	0	0	0	0	0
2	0	1	1	1	1	1	1
		2	2		2	2	2
		3	3		3	3	3
		4	4		4		4
		5	5		5		5
		6	6		6		6
		7	7		7		7
		8	8		8		8
		9	9		9		9

※HB以上の鉛筆を用いてマークをしてください。

※他の地区から会場を変更して受験する場合でも、受験票に記載されている受験地区・会場番号をマークしてください。

2020年
第2回試験

解答・解説

2020年　国連英検B級第2回試験
解答・解説

I　疑問文を含む英文が10題読まれます。
それぞれの英文に対して，最も適切な対応文を選びなさい。

1.　解答：A

解説 映画の開始時間を聞いているので，（分からないから）ネットでの確認を提案している内容となるAが最も適切。Cは映画開始時間でなく，映画館のオープンする時間を指すことになる。

ナレーション What time does the movie start?
「映画は何時に始まるの？」
A. ネットで確認しましょう。　B. 私はスリラー映画が好きです。
C. 午後3時に開きます。　D. ポップコーンを買おう。

2.　解答：B

解説 顔を合せなかったと言われたので，その理由を述べている内容となるBが対応文として最も適切。

ナレーション I didn't see you at the beach cleanup activity yesterday.
「昨日の海岸クリーンアップ活動で君の顔を見なかったよ」
A. 全てうまくいきました。　B. 私の娘がインフルエンザにかかったの。
C. たくさんのゴミを拾いました。　D. 波がすごく高かった。

3.　解答：C

解説 自分たちが見たTV game showの名前が思い出せないと言っているので，その名前が喉元まで出てきているのだけど（思い出せない）という内容になるCが対応文として最も適切。

ナレーション I can't remember the name of that TV game show we watched last night.
「昨晩見たTVゲーム番組の名前が思い出せない」

A. パネリストが素晴らしかった。　B. 今晩，放映開始です。
C. 喉元まで出かかっているんだけど。　D. 主演はハンサムだった。

4. 解答：D

解説 セーターがウールでできているか聞いているので，ウールではなくポリエステルでできているという内容になるDが最も適切。

ナレーション Is this sweater made of wool?
「このセーターはウールでできていますか」
A. わたしもそれがいいです。　B. 中国製です。
C. 彼女に似合います。　D. 実はポリエステル製です。

5. 解答：D

解説 男性が女性に年齢を聞いているので，一般的に女性に年齢を聞くのは失礼と考えられていることを踏まえれば，Dが対応文として最も適切。

ナレーション May I ask how old you are?
「年齢をお聞きしてもよろしいでしょうか」
A. 5月生まれです。　B. 分かりました。ドナです。
C. とても寒気がする。　D. 女性は年齢を決して教えません。

6. 解答：B

解説 スピーチ原稿に目を通してほしいと頼まれているので，了解したという内容になるBが最も適切。

ナレーション Can you edit my speech by tonight?
「今晩までに私のスピーチに手を入れてもらえませんか」
A. 7時にそこに行きます。　B. 全力を尽くします。
C. 緊張していますか。　D. 大変感謝しています。

7. 解答：A

解説 （会社を）辞めてもらうと言われたので，そうなると自分の家族はどうなるのですか（養えなくなる）と，遺憾の意を表している内容となるAが最も適切。

ナレーション Mr. Smith, I regret to say that we have to let you go.
「スミスさん，残念なことに辞めてもらわなければならなくなりました」

A. 私の家族はどうなるのですか。

B. それを聞いてうれしく思います。

C. でも私は倒れるかもしれません。

D. 一番後悔しているのは何ですか。

8. 解答：C

解説 交通違反となるUターンをしたと言われたので，その理由を述べている内容となるCが最も適切。

ナレーション Ma'am, do you know you made an illegal U-turn back there?

「奥さん，そこで交通違反となるUターンをしましたね」

A. それが何か分かります。　B. 信号は青でした。

C. 標識を見落としてしまいました。　D. 車のナビが壊れています。

9. 解答：D

解説 経理担当職員をもう1人雇えないか聞かれたので，それは予算を見ないと（判断できない）という内容になるDが最も適切。

ナレーション Couldn't you hire another accountant?

「もう1人経理担当者を雇うことはできないんですか」

A. あなたは昨年昇給しました。　B. 彼は数学が得意ではない。

C. あなたはその仕事にぴったりです。　D. 予算を見てみないと。

10. 解答：B

解説 誰が販売実績トップか聞かれたので，その結果がまだ出ていないから（分からない）という内容になるBが最も適切。

ナレーション Which sales representative had the highest sales numbers this quarter?

「この四半期で販売数が一番多かった営業担当者は誰か」

A. 彼女は今回その賞を取れないだろう。

B. 結果はまだ集計できていません。

C. 総計は20万ドルを越えました。

D. 彼女の身長は180センチ以上あります。

II 10題の対話文が読まれます。
その後に読まれるそれぞれの質問に対して最も適切な答えを選びなさい。

11. 解答：A

解説 猫を飼っている男性が女性を猫の写真展に誘ったが，彼女が猫アレルギーだと分かって，“Oh, well. See you around, I guess.” と応えていることから，一緒に行く可能性がない，すなわち再会することはないと推測できる。したがって正解はAとなる。

A. 2人は再会することはないだろう。
B. 女性は犬を買うだろう。
C. 彼らは写真展に行くだろう。
D. 男性は自分が飼っている猫を売るだろう。

ナレーション

Man: I was wondering if you'd like to go to a cat photo exhibition tomorrow? I'm displaying some photos of Mocha, my cat.
Woman: Oh. You have a cat? Actually I'm allergic to cats, and cat hair makes me sneeze a lot.
Man: Oh well. See you around, I guess.
Question What will most likely happen to the man and woman?
(男)：明日，猫の写真展に行きたくない？　僕が飼っているモカの写真を展示しているんだ。
(女)：えー，猫を飼っているの？　実は私，猫アレルギーで，猫の毛のせいでくしゃみがすごく出てしまうの。
(男)：ああ，そうか。それじゃ別の機会にしよう。
質問　男性と女性に一番ありそうなことは何か。

12. 解答：C

解説 大学南門にいる男性に女性が “Stay where you are.” と言っていることから，男性はそのまま南門にいると推測できる。したがって，正解はCとなる。

A. 北門に行く　　B. タクシーを呼ぶ
C. 南門で待つ　　D. 大学を散歩する

ナレーション

Woman: Hello, John? I'm waiting at the North Gate of the university.

Where are you?

Man: Oops! I thought it was the South Gate. What should we do?

Woman: Stay where you are. I think that would be faster.

Question What will the man probably do next?

(女)：もしもし，ジョン？　大学北門で待っているんだけど。いまどこにいるの？

(男)：おっと！　南門だと思っていた。どうしようか。

(女)：そのままそこにいて。その方が早いと思うから。

質問　男性は次におそらく何をするか。

13. 解答：A

解説 週末は一般に開放されていると言われると，男性は “I'm only in town until tomorrow,” と応えている。このことからこの会話は週末以外の曜日に行われていると判断できる。したがって，正解は A となる。

A. きょうは土曜日でも日曜日でもない。

B. 男性は図書カードを申請するだろう。

C. 男性は読書が好きではない。

D. 図書館は毎日一般に開放されている。

ナレーション

Man: Excuse me. I guess I can't get into the library since I'm not a student here.

Woman: Sure you can. The library is open to the public on the weekend, but you would need a library card. Would you like to apply today?

Man: I'm only in town until tomorrow, but thanks anyway.

Question Which of the following statements is true based on this conversation?

(男)：すみません。私はここの学生ではないので，図書館に入れませんね。

(女)：いいえ，入れます。図書館は週末であれば一般に開放されていますから。でも図書カードが必要になりますが，きょう申し込みをされますか。

(男)：この町には明日までしかいないのです。でも，ありがとうございました。

質問　この会話に基づけば，正しいのは次のどれか。

14.　解答：C

解説 部下が勤務中に頻繁にコンピューターゲームをやっているのを上司が知れば，選択肢 C の対応をとると考えるのが妥当であろう。

A. デイヴィッドはコンピューター技能セミナーに行かされる。

B. 全社員が‘コンピューターゲーム’の時間を持つことができるようになる。

C. コンピューターゲームを全社員ができなくなる。

D. 上司がコンピューターゲームをやり始める。

ナレーション

Woman: Have you noticed that David is always playing computer games at his work station?

Man: I have. I do, too, but not that much. I find a few minutes break helps clear my mind.

Woman: I do, too, but David is going to get caught by the boss. You know what will happen then!

Question　What does the woman imply will happen?

(女)：デイヴィッドが仕事場でいつもコンピューターゲームをやっているのに気づいている？

(男)：気づいているよ。僕もやっているけど，そんなに頻繁にはやっていないよ。数分休憩すると気分がすっきりするから。

(女)：私もそう。でも，デイヴィッドはそのうち上司に見つかるわ。そうすればどうなるか分かるでしょう。

質問　どんなことが起こると女性はほのめかしているか。

15.　解答：A

解説 “Only one roll, but don’t worry. We can get some by tomorrow.” と言った直後に男性が自分のスマホの場所を聞いている。このことから，選択肢の中では A の可能性が最も高いと言える。

A. ネットで注文する　　B. 車で店に行く

C. 近所から借りる　　D. ガス会社に電話する

ナレーション

Man: Didn't you buy any more paper towels yesterday?

Woman: I guess I forgot. Sorry! How much do we have left?

Man: Only one roll, but don't worry. We can get some by tomorrow. Where's my smartphone?

Question How will the couple most likely get more paper towels?

(男)：昨日ペーパータオルもっと買わなかったの？

(女)：ごめんなさい，忘れていたわ。どれぐらい残っているの？

(男)：1ロールしかないけど，大丈夫。明日までにはいくつか手に入るよ。僕のスマホはどこだっけ？

質問 夫婦がさらにペーパータオルを手に入れる方法として一番可能性が高いのは何か。

16. 解答：C

解説 大統領が質問を受けている場面で，しかも大統領が "Next!" と言っていることから，そこには複数の人がいると推察できる。そのような場にいると人物としてはCの可能性が一番高い。

A. 大統領のアドバイザー　B. 大統領の親友

C. 新聞記者　D. 建設労働者

ナレーション

Woman: Mr. President, the progress on building the border wall has been very slow. Can you tell us why?

Man: The workers have done a tremendous job, but it's a huge project. Next!

Woman: But, Mr. President, Mr. President! Can you give us a specific date for completion?

Question In this conversation, who most likely is the woman?

(女)：大統領，国境の壁建設が遅々として進んでいないようですが，それはどうしてでしょうか。

(男)：作業従事者は一生懸命頑張って仕事をしていますが，大規模プロジェクトですから。次の質問は？

(女)：でも，大統領，大統領！　いつ完成するのか，その具体的な期日を教えてもらえませんか。

質問　この会話の女性は誰の可能性が最も高いか。

17.　解答：D

解説 男性が "It's today at 2 p.m. in Conference Room B." と話していることから，正解はDとなる。

A. 1時30分に　B. 午前に　C. 昼食時間に　D. 2時に

ナレーション

Man: OK, Janet, the monthly sales meeting has finally been decided. It's today at 2 p.m. in Conference Room B.

Woman: Umm, that's a little difficult. I really wanted to get started by 1 p.m.

Man: Me too! Just after lunch or even 1:30 would have been better. However, the regional sales manager is stuck out at the airport, so you know, impossible.

Question　When will the monthly sales meeting begin?

(男)：ねえ，ジャネット，月例販売会議がようやく決まったよ。きょうの午後2時，B会議室でやりましょう。

(女)：ええっと，それはちょっと厳しいですね。午後1時には始めてほしかったのですが。

(男)：僕もそうだよ。昼食後すぐあるいは1時30分ぐらいの方がよかった。でも，地域担当販売マネジャーが空港で足止めされているから，開けないんだよ。

質問　月例販売会議は何時に開かれるか。

18.　解答：B

解説 カフェラテはイタリア語が語源で，コーヒーとミルクの意味がある。女性はカフェラテが欲しかったが，ミルク切れだった。そのため，女性が選ぶと思われるのはそれに最も近い，ただのコーヒーだと考えられるので，正解はBと言える。

A. ホットミルク　B. レギュラーコーヒー

C. レモンティー　D. ダイエットコーラ

ナレーション

Woman: I can't get this confounded machine to give me a caramel cafe latte.

Man: That's a popular choice around the office, so maybe it's out of milk.

Woman: You're right. The milk light is flashing. Gotta get back to work, so I'll settle for this.

Question What drink will the woman be likely to choose?

(女)：この販売機，調子が悪くてキャラメル・カフェ・ラテが出てこないの。

(男)：それはオフィスで人気があるから，たぶんミルク切れだと思うよ。

(女)：そうみたい。ミルクのライトが点滅している。仕事に戻らなければならないから，これにするわ。

質問 女性が選ぶ可能性が一番高い飲み物は何か。

19. 解答：D

解説 株の暴落で意気消沈して "I'm thinking about getting out." と言っている女性に，男性が"Doing the opposite would be better. You know the old saying, 'Buy low, sell high.'" と助言していることから，正解はDとなる。

A. 酒場で何か飲む　　B. 自分の株を売却する

C. 銀行に抗議する　　D. 株をさらに購入する

ナレーション

Man: What's the matter, Lisa? You look like you saw a ghost.

Woman: Almost. I've lost so much money this week because of the stock market crash. I'm thinking about getting out.

Man: I wouldn't do that. Doing the opposite would be better. You know the old saying, 'Buy low, sell high'.

Question What does the man suggest the woman do?

(男)：リサ，どうしたの。お化けでも見たような顔をしているけど。

(女)：ほぼそんな感じ。株式市場暴落で今週膨大な損失を出してしまって，手放そうと思っているの。

(男)：僕はそうしないだろうな。その逆がいいと思うけど。「安く買って，高く売る」という言い習わしがあるだろう。

質問 男性は女性にどうすることを勧めているか。

20.　解答：B

解説 求職者がSysicoで15年経理部長をしていたと聞き，“Ummm ... Didn't Sysico go out of business last year? と語っているので，女性はあまりいい印象を持っていないように感じられる。したがって，正解はBとなる。

A. 資格が十分である　　B. 適任でない

C. 経験が豊富　　D. とても適任である

ナレーション

Woman: You know the next job applicant personally, right? What's his background?

Man: Barry used to work at Sysico. He was the accounts manager for 15 years.

Woman: Ummm ... Didn't Sysico go out of business last year?

Question　In this conversation, what is most likely the woman's first impression of Barry?

(女)：次の求職者はあなたの個人的な知り合いですよね。どのような経歴の方ですか。

(男)：バリーは以前シシコに勤務していて，そこで15年間経理部長をしていました。

(女)：うーん，シシコは去年倒産しなかった？

質問　この会話でバリーに対し女性が持つ第一印象として最も可能性が高いのは何か。

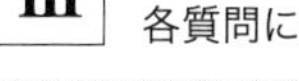

III 5つの対話文が読まれます。各対話文の後で，それに対する質問が2つ読まれます。各質問に最も適切な答えを選びなさい。

Conversation 1

21.　解答：B

解説 mmが月，ddが日を指しているとすれば，yyyyは年と考えるのが妥当であろう。したがって，正解はBとなる。

A. それは重要でない。

B. それは年のことである。

C. その意味は誰にも分からない。

D. それは「なぜ？ なぜ？ なぜ？ なぜ？」という意味です。

22. 解答：A

解説 女性は自分の誕生日1954年3月2日を03/02/1954と書くようにと言われているので，July 7, 1999であればAのように書くことなる。

A. 07/07/1999　　B. 7/07/1999　　C. 7/7/99　　D. 707/1999

ナレーション

Woman: Excuse me, Sir. Can you tell me what mm / dd / yyyy means in this part of my application?

Man: Well, mm refers to the month of your birth, dd is the day and so on.

Woman: OK. My birthday is March 2,1954, so would I write 3 / 2 / 1954?

Man: Actually no. Your application is machine read, so we have to standardize the dating system. You have to write 03 / 02 / 1954.

Woman: OK. I guess that makes sense.

Questions 21. What does the man imply about yyyy?

22. According to the man, how would July 7, 1999 be written?

(女)：すみません。願書のこの箇所のmm/dd/yyyyがどんな意味か教えていただけませんか。

(男)：えーと，mmはあなたの誕生月で，ddは日です。

(女)：分かりました。私の誕生日が1954年3月2日ですから，3/2/1954と書けばいいですね。

(男)：いいえ，実は願書は機械で読み込まれますので，日付表示システムは共通化しておく必要があるのです。03/02/1954と書いていただけますか。

(女)：はい。それは理にかなっていますね。

質問 21. 男性はyyyyがどのような意味だと暗に示しているか。

22. 男性によれば，1999年7月7日はどう書くことになるか。

Conversation 2

23.　解答：D

解説 女性が"You know, some company employees have 'the right to disconnect' clauses in their contracts."と話していることに，男性が"Sounds like a great idea, but try selling my company CEO."と応えている。このことから電話の相手は男性が勤める会社関係者と考えるのが自然であろう。

A. 男性の両親　　B. 電気会社

C. ウエディングプランナー　　D. 男性が勤める会社

24.　解答：A

解説 新婚旅行中に勤務先から頻繁に男性に電話がある場面で，"You know, some company employees have 'the right to disconnect' clauses in their contracts."と彼女が話していることを踏まえれば，正解はAと言える。

A. 休暇中は連絡を受けない権利　　B. 電話を切る権利

C. 自宅で仕事をする権利　　D. 休暇中は仕事をしない権利

ナレーション

Man: Drat. That's my phone again. Can't they look after anything there?

Woman: This is our honeymoon! Can't you just turn your phone off!

Man: What!!! Impossible!! I might miss something important.

Woman: Nothing is more important than MY honeymoon. You know, some company employees have 'the right to disconnect' clauses in their contracts.

Man: Sounds like a great idea, but try selling that to my company CEO.

Questions 23. Who is most likely telephoning the man?

24. In this conversation, what does 'the right to disconnect' mean?

(男)：もう，うんざり。また電話だよ。向こうで処理できないのかな？

(女)：いまハネムーン中なのよ！　スマホを切っておけないの。

(男)：えー!!! それは無理だよ!! 大切なことを逃してしまうこともあるから。

(女)：私のハネムーン以上に大切なものはないでしょう。会社との契約の中に電話接続を断つ権利条項が入っている会社員もいるわ。

(男)：それはいい考えだね。会社の CEO にそのアイデアを理解してもらってよ。

質問 23. 男性に電話している可能性が最も高いのは誰か。

24. この会話の「電話接続を断つ権利」とはどのような意味か。

Conversation 3

25. 解答：C

解説 男性の発言に対して "Geez! Chill out." と応じており，最後に "Mr. Bossy" と男性を呼んでいることを踏まえると，正解は C と言える。

A. 恩知らずな B. 気分がいい

C. イライラしている D. フレンドリー

26. 解答：B

解説 男性が指導力について "to choose someone with leadership qualities, like organization, fairness, and especially someone who wants to lead" と話しているが，B の Presentation skills には一切触れていない。したがって，正解は B となる。

A. 組織をまとめる力 B. プレゼンテーション力

C. 公平性 D. 先頭に立ちたいという願望

ナレーション

Woman: OK. The teacher said we have to choose a leader. Let's play 'rock, paper. scissors.'

Man: No. The teacher said NOT to play 'rock, paper, scissors.' LISTEN!

Woman: Geez! Chill out. I didn't hear that. What do you suggest then?

Man: He said to choose someone with leadership qualities, like organization, fairness, and especially someone who wants to lead.

Woman: The way things are going here, that sounds a lot like you, Mr. Bossy!

Questions 25. Which of the following words best describes the attitude of the woman towards the man?

26. What leadership quality is not mentioned in this conversation?

(女)：分かった。自分たちがリーダーを選ばなければいけないと先生が言っているから，ジャンケンで決めよう。

(男)：いや，ジャンケンはだめだと先生は言っているよ。

(女)：そうなの？　ちょっと冷静になってよ。そんなこと私は聞いていないわ。それじゃ，何か提案があるの？

(男)：指導力のある人，たとえばまとめる力があり，公平で，そして特に先頭に立ちたいと思う人を選ぶべきだと先生は言っているんだよ。

(女)：話の流れではふさわしいのはあなただと聞こえるわね，お偉いさん！

質問　25. 男性に対する女性の考えを最もよく表している言葉はどれか。

26. この会話で触れられていない指導力は何か。

Conversation 4

27. 解答：B

解説 国連総会では6カ国語（英語，中国語，スペイン語，ロシア語，アラビア語，フランス語）が使用されているが，事務局で常時使用されているのは英語とフランス語である。したがって，正解はBとなる。

A. アラビア語　B. フランス語　C. ロシア語　D. エスペラント語

28. 解答：C

解説 女性が“But, oh la la! French! Why not Chinese or Arabic?”と驚いているが，この文脈ではこの2言語（中国語，アラビア語）とフランス語の違いにその驚きが起因していると推察できる。その典型的な違いは話者数であることから，選択肢の中ではCが最もふさわしいと言える。

A. フランス語は学ぶのが難しい。

B. フランスに住んでいる人しかフランス語を使わない。

C. フランス語は国際語でない。

D. 多くの人はフランス料理が好きでない。

ナレーション

Woman: I'm getting ready for the United Nations English test. I'm really confused about the official languages used by the UN.

Man: Well, the General Assembly uses six languages: English, Chinese, Spanish, Russian, Arabic and French.

Woman: Oh. It says in my book there are only two.

Man: You're getting mixed up. The Secretariat uses French and English. Those are the guys that work at the UN Headquarters.

Woman: Ahhh! You are right. But, ooh la la! French! Why not Chinese or Arabic?

Questions 27. Which of the following languages is used both in the Secretariat and the General Assembly?

28. What might the woman be inferring about French as a UN official language?

(女)：国連英検の準備をしているんだけど，国連で使用されている公用語のことがあまり分からないの。

(男)：ええと，国連総会では，英語，中国語，スペイン語，ロシア語，アラビア語，フランス語の 6 カ国語が使われているよ。

(女)：えー，私の持っている本には 2 カ国語と書いてあるわ。

(男)：君は混同しているんだよ。英語とフランス語の 2 カ国語が使われているのは事務局だよ。国連本部に勤めている職員がそうなの。

(女)：ああ，そうなの。でもフランス語なんだ！　どうして中国語やアラビア語ではないの？

質問 27. 国連事務局と総会の両方で用いられている言語は次のどれか。

28. 国連公用語としてのフランス語について女性は何をほのめかしているか。

Conversation 5

29. 解答：C

解説 男性（父親）が "Well, that's just the problem." と言っているが，この

that は女性（娘）の "But I'd have to do all the washing, cooking, and cleaning, besides work." を指していると理解できる。したがって，正解は C となる。

A. 彼女は残業しない。　B. 彼女は働けない。

C. 料理の仕方が分からない。　D. 彼女は夫が嫌いになる。

30. 解答：D

解説 適齢期になっても親の元で親に頼って生活している子どもの話であることを踏まえれば，正解は D と言える。

A. 母子家庭　B. ニート　C. 過保護な親　D. パラサイトシングル

ナレーション

Man: You know, Eri, your mother and I have been talking, and we think you should get a place of your own.

Woman: But why? I like living here and it's a lot cheaper.

Man: From your point of view, that's true, but it's expensive for us now that I have retired. We also think you should be more independent.

Woman: But I'd have to do all the washing, cooking, and cleaning, besides work.

Man: Well, that's just the problem, isn't it? Your mother does all that now. And what will happen if you get married?

Questions 29. What does Eri's father suggest will happen to Eri when she gets married?

30. What common social problem is expressed in this conversation?

（男）：あのね，お母さんとずっと話しているんだけど，恵理は自分の居場所を持った方がいいと思うんだ。

（女）：でも，どうして？　ここの生活が気に入っているし，ずっと安上がりなの。

（男）：恵理からすれば，その通りだけど。私は退職しているので，経済的に厳しいんだ。もっと自立してほしいとも思っている。

（女）：でも，仕事のほかに洗濯，料理，掃除など何でもしなければならなくなるわ。

（男）：問題はまさにそれだよ。いま，お母さんがそれを全部やっているんだよ。それに恵理は結婚したらどうするの？

質問　29. 父親は，恵理が結婚するとその後彼女はどうなるとほのめかしているか。

30. この会話に表れているよくある社会問題は何か。

IV

（初めに）2つの短いナレーションが読まれ，そのナレーションの後にそれぞれ5つの質問文が読まれます。最も適切な答えを選びなさい。

Talk 1

31.　解答：A

解説 冒頭で "many of my students have said even some of their high school Japanese teachers of English didn't use English with them." と話していることから，A の大学の先生が正解と言える。

A. 大学の英語教師　　B. 教育専門家

C. 外国人学生　　D. 高校の英語教員

32.　解答：D

解説 話し手が "This is what we will do."（私たちが授業でやろうとしているのはこれです）と述べているが，この This は直前の "In my opinion, the highest level of learning English or any language is when you use it with a speaker of your native language voluntarily." を指している。したがって，正解は D となる。

A. 英文法の要点を教えること

B. 日本語使用の学生を叱ること

C. 学生に授業に来るよう促すこと

D. 授業でやる新たなアクティビティについて説明すること

33.　解答：B

解説 話し手が話題の例として 'What did you do on the weekend?' や 'How was your history test?' を挙げている。したがって，正解は B となる。

A. 野球の試合　　B. 別の授業のテスト

C. 気候　　D. 自分たちの将来の夢

34. 解答：D

解説 話し手が "If we do this every class, you will gain confidence, your English will become much more natural, and it might be fun!" と述べているが，選択肢 D の Improving listening skills については全く触れていない。

A. 楽しむ　B. より自然な英語を使う

C. 自信を得る　D. リスニングスキルを向上させる

35. 解答：D

解説 授業中に英語を自由に使うことが英語学習の最善策であるにもかかわらず，日本人の英語教員は授業で英語を使っていない。これは彼らが英語を話せないと暗に言っているように理解できる。したがって，正解は D となる。

A. 日本人の先生は英語を教えることができない。

B. 日本語は難しい言葉である。

C. 学生は授業中集中できない。

D. ネイティブスピーカーしか英語は話せない。

ナレーション

Today I'm going to introduce my Change Japan program. I hear a lot of Japanese say 'I can't speak English' or 'I don't have enough chances to speak English.' I think one problem is Japanese don't use English with each other. For example, many of my students have said even some of their high school Japanese teachers of English didn't use English with them. This sends out the wrong message to students!

In my opinion, the highest level of learning English or any language is when you use it with a speaker of your native language voluntarily.

This is what we will do. Most of you arrive here early, so why not use some English before the chime? You can greet your classmate in English and have a short English conversation. You can ask easy questions like 'What did you do on the weekend?' or 'How was your history test?' When we start the class, I may ask a few students what they talked about.

Using any language freely is the best way to learn it. If we do this every class, you will gain confidence, your English will become much more natural, and it might be fun! Let's Change Japan!

Questions 31. Who most likely is the speaker?

32. What is the purpose of this talk?

33. According to the talk, what is one topic students could chat about?

34. What benefit of the activity is NOT mentioned?

35. What negative message is implied by the speaker about Japanese English teachers not using English in class?

語句 本日は私が担当する「チェンジ・ジャパン」プログラムを紹介します。「私は英語が話せない」とか「あまり英語を話す機会がない」と，多くの日本人が口にするのを耳にします。問題の1つに日本人は互いに英語を使おうとしないことにあるように思います。例えば，高校の日本人英語教員の中には生徒と英語を使わなかった先生がいたと言っている学生が，私のクラスの中に結構いました。これが学生に誤ったメッセージを発信しているのです。

英語であれ他のどんな言葉であれ，自分と同じ母語話者と自発的に学習言語を使う時に学習効果が最も上がる，これが私の意見です。

我々がやろうとしているのはこれなのです。あなた方の多くが早めにここに来て，チャイムが鳴る前に英語を使ってみたらでしょうか。友達と英語であいさつしたり，ちょっとした英会話ができます。「週末何したの？」「歴史のテストはどうだった？」など，簡単な質問ができます。授業が始まったら，皆さんがそこで話をしたことについて私が数人に質問することもあります。

一番いい言語学習方法はその言葉を自由に使うことです。授業で毎回これを実践すれば，自信が持て，皆さんの英語がずっと自然なものになります。しかも，楽しくなるでしょう。チェンジ・ジャパンをしましょう！

質問 31. 話し手は誰の可能性が最も高いか。

32. この話のねらいは何か。

33. 話によると，学生が話題にできるトピックの1つは何か。

34. アクティビティのメリットで触れられていないのは何か。

35. 授業で英語を使わない日本人英語教員について話し手がほのめかしている否定的なメッセージは何か。

Talk 2

36. 解答：C

解説 話の冒頭で話者が "Today we are going to talk about altruism. The word was first coined by the philosopher, Auguste Comte, thus a part of our course" と述べていることから，正解は C と言える。

A. 生物学者　B. 写真家　C. 哲学の教授　D. 学生

37. 解答：C

解説 "Today we are going to talk about altruism. The word was first coined by the philosopher Auguste Comte." と話者が言っていることから，正解は C となる。

A. 音楽家　B. 心理学者　C. 哲学者　D. 小説家

38. 解答：B

解説 "Then the researcher accidentally dropped a pencil." と話していることから，正解は B となる。

A. ボール　B. 鉛筆　C. 花瓶　D. 試験管

39. 解答：B

解説 "Recently many biologists have claimed that altruism is biological rather than a taught philosophy." と話していることから，正解は B と言える。

A. 子どもたちは早い時期に利他的になることを学ぶ。

B. 利他的行為は生物学的なのかもしれない。

C. 子どもたちは生き残りたい。

D. 子どもたちは絵を描くのが好きである。

40. 解答：A

解説 "They were asked to choose and donate to a charity. For most, when they chose a charity and donated, the neurons in their brains' pleasure center lit up!" と話しているように，altruism に関する実験例として慈善寄付行為を挙げている。したがって，正解は A となる。

A. ボランティア活動をすること　B. 将来のために貯蓄すること

C. 鉛筆を拾い上げること　　D. 紛失した財布からお金を取ること

ナレーション

Good morning! Today we are going to talk about altruism. The word was first coined by the philosopher Auguste Comte, thus a part of our course. It refers to the action of helping others even at one's own expense. It might be demonstrated by helping an older person cross the street. Or, turning in a lost wallet rather than taking the money.

However, it has been shown by psychologists that children as young as 18 months exhibit altruistic behavior. In one experiment, a researcher threw a pencil among a group of very young children. None of them gave it any notice. Then the researcher accidentally dropped a pencil. Several children rushed to give it back.

Recently many biologists have claimed that altruism is biological rather than a taught philosophy. They say that humans are social animals wired to cooperate to survive. The biological theory has been supported by scientific research. Scientists have scanned the brains of people donating to charities. In one experiment, subjects had electrodes attached to their heads. They were asked to choose and donate to a charity. For most, when they chose a charity and donated, the neurons in their brains' pleasure center lit up!

Questions 36. Who most likely is the speaker?

37. According to the talk, who coined the word 'altruism'?

38. In one experiment, what did a researcher accidentally drop?

39. What did the experiment with the children probably show?

40. Which of the following could be an altruistic act?

語句 altruism: 利他的行為，利他主義　coin:（新しい言葉を）作る　Auguste Comte: オーギュスト・コント（フランスの哲学者，1798～1857年）　scan: 詳しく調べる，スキャンする　subject: 被験者，実験の対象者　electrode: 電極　neuron: ニューロン，神経細胞　pleasure center:（脳の理論などで）

快楽中枢

訳例　おはようございます。きょうは利他的行為について話そうと思います。この言葉は哲学者オーギュスト・コントによって最初に作られました。ですから，この授業で彼に触れることになるわけですが。これは自己犠牲を払ってでも他人を手助けする行為のことを指しています。年寄りが道路を横断する際に手助けする，あるいは拾った財布からお金を取らずに警察に届け出るような行為に代表されるかもしれません。

また，生後18カ月ぐらいの子どもがこの利他的行為を示すことが心理学者によって明らかにされています。ある実験で，1人の研究者が幼い子ども集団の中に鉛筆を1本投げ入れました。しかし，だれも見向きはしませんでした。次に研究者は偶然鉛筆を1本落としてしまいました。すると，子どもたちは何人かがそこに駆け寄り，それを返そうとしたのです。

利他的行為は，学習されたものではなく，生物学的なものだと主張する生物学者がたくさんいます。人間は協力し合って生き残るために密接につながっている社会的動物である，と彼らは言っています。この生物学説は科学的研究に裏付けされています。慈善団体に寄付している人の脳を科学者が調べました。ある実験で被験者は脳に電極を取り付けられ，慈善団体を1つ選び，そして寄付するように言われました。彼らの多くが慈善団体を選択し寄付をすると，脳の快楽中枢のニューロンが活性化したのです。

質問　36. 話し手は誰の可能性が最も高いか。

37. この話によれば，「利他的行為」という言葉を作った人は誰か。

38. ある実験で研究者が偶然落としたのは何か。

39. 子どもの実験で明らかになったと思われるのは何か。

40. 利他的行為となり得るのは次のどれか。

2020年
第2回
解答・解説

V　4つの選択肢の中から，以下のそれぞれの英文の（　　　）に入る最も適切なものを選びなさい。

41.　解答：A

 than（接続詞）は形容詞・副詞の比較級の後に置かれ「～よりも」の意味になる。数・量・距離の表現は比較級の前が原則。したがって，正解はAとなる。

訳例　イギリスは予定よりも5年早めて2035年からガソリン車，ディーゼル車，そしてハイブリッド車の販売を禁止する。

42.　解答：B

解説　a fourth term で「4 期目，4 選」，in power で「政権の座にある」の意味。したがって，正解は B となる。

訳例　トーゴのフォール・ニャシンベ大統領が 4 選を果たしたことをトーゴ選挙管理委員会が月曜日に公表した。

43.　解答：D

解説　take leave で「休暇を取る」，paternity leave で「父親の育児休暇」の意味。したがって，正解は D となる。

訳例　日本が人口減少に直面していることから政府はより多くの父親が育児休暇を取得することを推進している。

44.　解答：C

解説　bushfire は「山火事」で，relief efforts で「救援活動」の意味。したがって，正解は C となる。

訳例　オーストラリア人 2 人に 1 人が山火事救援活動支援のための献金をしていることが，週末にかけて行われた新たな調査で分かった。

45.　解答：A

解説　wartime persecution は「戦時中の迫害」，persecution of ～ で「～の迫害」。したがって，正解は A となる。

訳例　日曜日，オランダのマルク・ルッテ首相が戦時中のユダヤ人迫害に対する謝罪を国として初めて行った。

VI

下線を引いた単語または語句の中から，
文法的もしくは慣用的に不適切なものを選びなさい。

46.　解答：D

解説　(D) those は先行する語句 (an illness) の代用語として用いられていると理解できることから，those を that にする必要がある。

訳例　2019 年 5 月，WHO はアルコールやギャンブル依存症が病気であるのと同じくゲーム依存症も病気に分類しました。

47. 解答：D

解説 in line with ～ で「～と一致して」の意味。したがって，(D) の lines を line にする必要がある。

訳例 東京都庁は，国連の持続可能な開発目標と合致する活動に携わる都民にポイントを付与する試みを行っている。

48. 解答：C

解説 excessive aids は，この文脈では「過度の支援」の意味と考えられるが，その場合の aid は原則不可算名詞扱いとする。したがって，(C) の aids を aid にする必要がある。

訳例 日本は，韓国が国内造船業に過剰支援をしていることを非難し，韓国に対する異議申し立てを世界貿易機関 (WTO) に行ったと，関係筋が土曜日に伝えた。

49. 解答：D

解説 (D) の European Union には the をつけて the European Union にするのが普通。

訳例 イギリス外務大臣は，現在 EU を離脱していることから，自由貿易協定締結に向けた取り組みの一環として，これから数日間オーストラリア，日本，シンガポール，マレーシアを訪れる予定である。

50. 解答：B

解説 (B) when の箇所に入るべき語は，この文脈では an expanded version を先行詞とする関係代名詞が適切と言える。したがって，when (関係副詞) ではなく which/that (関係代名詞) にする必要がある。

訳例 金曜日，ドナルド・トランプアメリカ大統領は，ナイジェリアや他の 5 カ国からの新たな移民を対象とした渡航禁止令の改正拡大版を発令した。これにより数千人が影響を受けることになるだろう。

VII-A

『新 わかりやすい国連の活動と世界』から得た知識に基づき，(A)～(D) から空欄を埋めるのに最も適切なものを選びなさい。

51. 解答：D

解説 安全保障理事会の役割について述べている文であり，その 1 つに「国際平和と安全の維持」がある。

A. 創造　B. 予算　C. 広告　D. 維持

52. 解答：A

解説 非常任理事国は総会で選出され，その任期は2年となっている。また，次の任期に連続して再選されることはない。

A. 2年　B. 3年　C. 4年　D. 5年

53. 解答：B

解説 手続き事項の決定には15理事国の少なくとも9理事国の賛成が必要である。

A. 武器　B. 賛成　C. 拒否　D. 興奮

54. 解答：A

解説 紛争の当事国は，その紛争の平和的解決のための手段に関わる投票が許可されないことになっている。

A. 許可される　B. 教育を受ける　C. 要請される　D. 禁止される

55. 解答：C

解説 手続き事項以外の決議案や提議については，たとえ15理事国の中の9カ国が賛成しても，常任理事国は「拒否権」をもって否決できる。

A. 無効の　B. 未決定の　C. 賛成の　D. 保守的な

訳例　安全保障理事会は，国連憲章に基づき，国際の平和と安全の（51）維持について主要な責任を持つ機関である。安全保障理事会は，中国，フランス，ロシア連邦，イギリスおよびアメリカ合衆国の5カ国の常任理事国と，10カ国の非常任理事国から構成される。非常任理事国は（52）2年の任期で総会によって選出され，次の任期に続けて再選される資格はない。

理事国は，それぞれ1票の投票権を持つ。手続き事項の決定には，15理事国のうち少なくとも9理事国の（53）賛成を必要とする。その他の事項の決定にも，全常任理事国5カ国の同意票を含む9票が必要である。紛争の当事国は，その紛争の平和的解決をはかる手段についての投票に（54）参加することができない。

手続き事項以外の問題に関する常任理事国の反対投票は「拒否権」と呼ばれ，9カ国の（55）賛成投票があっても，決議案もしくは提議を否決できる。これは，「大国一致」の原則として知られる。常任理事国5カ国は，いずれもこれまでに何回か拒否権を行使している。

『新 わかりやすい国連の活動と世界』P.64

Ⅶ-B

『新 わかりやすい国連の活動と世界』から得た知識に基づき，4つの選択肢から空欄を埋めるのに最も適切なものを選びなさい。

56. 解答：C

解説 国連加盟を望む国は，国連憲章に記された義務を受け入れるという声明書を含む申請書を安全保障理事会に提出することになっている。

A. 人権理事会　B. 事務局　C. 安全保障理事会　D. 総会

『新 わかりやすい国連の活動と世界』p.45 参照

57. 解答：B

解説 国連の財政は総会が管理することになっている。

A. 国際司法裁判所　B. 総会　C. 安全保障理会　D. 事務局

同上 p.54 参照

58. 解答：A

解説 総会は強制する権限を持たないことから，その影響力は世界の世論の総意としての勧告という形をとることになる。

A. 世界の世論　B. 同意　C. 謝意　D. 遺憾

同上 p.54 参照

59. 解答：D

解説 国際司法裁判所の15名の裁判官は，国籍ではなく，各人の資格によって選出されることになっている。

A. 国籍　B. 所得　C. 学歴　D. 資格

同上 p.60 参照

60. 解答：B

解説 2019–2021年までの日本の分担率は8.564％で，米国22％，中国12.005％に次ぐ第3位にある。

A. 2番目に高い　B. 3番目に高い

C. 4番目に高い　D. 5番目に高い

同上 p.62 参照

VIII-A 以下の各英文を読み，下記のそれぞれの質問に答えなさい。下記の英文を挿入するのに最も適した箇所を，(A)～(D) から選びなさい。

Passage 1

61. 解答：C

解説 (C) の直前で教育が将来への最良の投資であると述べられており，その具体的理由に当たるのが挿入文と解することができる。したがって，正解はCとなる。

62. 解答：A

解説 挿入文の "for this reason" の具体的理由にあたるのが，その直前のパラグラフの内容と解することができる。したがって，正解はAとなる。

63. 解答：D

解説 (D) の直前で，"UNESCO has called on all its Member States to incorporate environmental education into their curricula, from nursery school to university" と述べられており，その環境教育の導入が挿入文の this objective と解することができる。したがって，正解はDとなる。

語句 inclusion: 包摂，包含　convention: 協約，条約　student mobility: 学生の流動性　with each passing day: 日ごとに，日に日に　curricula: curriculum (カリキュラム) の複数形　cornerstone: 基礎，礎　reconciliation: 和解，調整

訳例　本日の国際デーにあたり，私たちの将来がかかっている4つのP，すなわち人々 (people)，繁栄 (prosperity)，地球 (planet) そして平和 (peace) の支援活動に強い影響力を持っている教育をたたえたいと思います。

持続可能な開発目標の第4ゴール，すなわち全ての人のための質の高い教育の達成に向けた国際社会の取り組みの調整担当にあるUNESCOには，これに関連してとりわけ大きな責任があります。(A) 4Pそれぞれに関わる行動を私たちが起こすのは以下のような理由からです。

何よりもまず，私たちUNESCOは教育を包摂性，そしてひいてはエンパワーメントを高める手段とすることで人々のための行動を起こします。

これまでのUNESCOの土台となり現在まで続いている，広範囲にわたる識字キャンペーンは，何百万人もの男女に無数のチャンスをもたらしてきました。UNESCOが第40回総会における高等教育要件認定に関する初の国際協約

の採択により学生の流動性を助長しようと努めているのは，人々の潜在的可能性を解き放つために他ならないのです。(B)

教育のための行動を起こすことは繁栄のための行動を起こすことにもなるのです。それは教育が未来に向けた最善の投資であるからです。(C) 教育は，中長期的に見れば貧困や不平等を是正し社会的包摂を促すのに最も効果のある方法なのです。UNESCO が女子および女性の教育，我々の将来イニシアテチブを介して女子教育の充実に特に重点を置いているのは，このような理由からです。

また教育は，その影響が日ごとに明らかになる不安定な気候に脅かされている地球に問題解決の鍵を提供してくれます。教育だけが，地球温暖化という課題に必要な社会行動を持続的に変えられる力を持っているのです。このような理由から UNESCO は幼稚園から大学までのカリキュラムに環境教育を取り入れるように全加盟国に求めています。(D) この目的達成のために私たちは自分たちが持っている専門知識を加盟国と分かち合います。

結びになりますが，教育は平和の礎です。教育は他の人々の心を開き，異文化理解，和解，友情をもたらす知性につながる道を開いてくれるのです。これが UNESCO の推し進める地球市民教育の意義なのです。

Ⅷ-B

Passage 2

64. 解答：D

解説 compensation はこの文脈で money paid to someone because they have suffered injury or loss, or because something they own has been damaged (LONGMAN Dictionary of Contemporary English, 以下 LDCE と記す) と解することができる。したがって，これに最も近いのは D と言える。

A. 競争や戦いで勝利すること
B. 困っている人に親切にすること
C. 自分で働いてもらうお金
D. 自分に何かよくないことが起こったことから受け取るお金

65. 解答：A

解説 break down には「(車・機械などが) 故障する，動かなくなる」および「(関係・交渉などが) 物別れに終わる，決裂する」(Genius ENGLISH-

JAPANESE DICTIONARY 5th Edition，以下 GEJD と記す）の意味がある。したがって，正解は A となる。

A. 失敗した　B. 動かなくなった

C. 起きた　D. うまくいかなくなってきた

66. 解答：B

解説 bloc は「同じ政策，目的を持つ国々の連合，ブロック，圏」(GEJD) の意味であり，the Common Agricultural Policy が EU の政策であることを踏まえれば，正解は B となる。

A. フランス政府　B. 欧州連合

C. パリ農業見本市　D. イギリスとアメリカ

67. 解答：A

解説 この文脈での yield to ～ は「～に屈する，負ける」(GEJD) の意味と理解できる。surrender にも to give up something or someone, especially because you are forced to（LDCE）の意味があることから，正解は A となる。

A. 降伏する　B. 不平を言う　C. 生産する　D. 抵抗する

68. 解答：C

解説 この raise は to begin to talk or write about a subject that you want to be considered or a question that you think should be answered（LDCE）と理解でき，bring up にも to mention a subject or start to talk about it（LDCE）の意味がある。したがって，正解は C となる。

A. 増加した　B. 収集した　C. 提起した　D. 解決した

69. 解答：C

解説 the duties はこの文脈では直前の the U.S. tariffs を指し，「関税，税」(GEJD) の意味と解することができる。したがって，正解は C となる。

A. 仕事　B. 罰金　C. 税金　D. 義務

70. 解答：A

解説 本文中の quarter は，a period of three months, used especially when discussing business and financial matters（LDCE）の意味と解することができる。したがって，正解はAとなる。

A. 3カ月間　　B. 4年間

C. 町の面積　　D. アメリカで使用されているコイン

語句 Common Agricultural Policy:（欧州連合の）共通農業政策　beneficiary: 受益者，恩恵を受ける人　Brexit: ブレグジット（英国EU離脱）　European Commission: 欧州委員会　subject to ～:（法律など）の支配下，影響下にある　voice (v): 表明する　British waters: 英国海峡，英国の領海

訳例　今年，フランスの農業が不安定な状況にあることから，土曜日にエマニュエル・マクロン大統領はイギリスとの対話の中で欧州農業補助金を守り，米関税の打撃を受けているワイン生産者への（64）補償金を確保し，そして漁師を擁護することを公約した。

毎年恒例のパリ農業見本市が始まり，イギリスが抜けた新EU予算の話し合いが（65）決裂した翌日，フランスのマクロン大統領は農業補助金削減には今後も反対すると述べた。

前任者と同様にマクロン大統領はフランスが主な利益を受けている（66）EU共通農業政策（CAP）に対する大幅な予算維持を明言した。

「共通農業政策では我々は大がかりな予算を守っていく。共通農業政策はブレグジットによって変わるようなものではない。我々は自国の農家を支援していかなければならない」と，マクロン大統領は農業従事者に語った。

「我々は共通農業政策予算の削減を望む人々に（67）屈しなかった」とも述べた。

ワイン業界代表者との会合で大統領が米国の関税に対する補償を春までにきちんとすることを約束したと，ワイン生産者でフランス主力農民組合（FNSEA）事務局長のジェローム・デイスペーが後日語った。

マクロン大統領はこれまでワイン生産者に対する関税軽減を支持しており，この問題を欧州委員会に（68）提起すると述べていた。

フランス産ワインは航空機補助金議論の一環として米国関税対象になっているEU生産物である。この（69）米国関税により，アメリカへの直近（70）四半期の販売額が4,000万ユーロに減少したと，フランス産ワイン輸出業者はみている。

EUが英国と新たな関係について協議していることから，マクロン大統領は現在ある英国海域へのアクセス権が危うくなっている漁業への支援も表明した。

IX 以下の英文を読み，下記のそれぞれの質問に答えなさい。

【長文問題の解答対策】

出題される英文は国連に関するものが基本なので，それに関わる専門用語をある程度理解しておくことをお勧めしたい。日頃より「持続可能な開発目標(SDGs)」等に関する情報に目を向け，英語だけでなく日本語でも触れていると理解の大きな手助けになる。

英文が長く，問題も10題あることから，できるだけ効率的に対処すること。それには最初に質問と選択肢に目を通し，それを踏まえて該当パラグラフを読むのもよいのではないだろうか。

71. 解答：D

解説 当該パラグラフに“And the benefits of gender equality are not just for women and girls, but for everyone ～”と述べられていることから，正解はDとなる。

第1パラグラフで述べられているのは次のどれか。

A. 男女平等のメリットに経済繁栄が含まれる。

B. 北京行動綱領が目指すのは貧困の根絶である。

C. 男女平等が全ての人に等しくプラスになるわけではない。

D. 全ての人が男女平等から恩恵を受ける。

72. 解答：A

解説 当該パラグラフに“Generation Equality tackles issues of women across generations, ～”と述べられていることから，正解はAとなる。

第2パラグラフで述べられているのは次のどれか。

A.「平等を目指す全ての世代」は女性が世代を越えて抱えている問題に取り組んでいる。

B. もっと多くの男性が女性の権利や男女平等のために立ち上がることが大切である。

C.「平等を目指す全ての世代」は全取り組みの中心に中年女性の権利を据えている。

D. 女性は意思決定プロセスにあって異なる視点や益をもたらしてくれる。

73. 解答：B

解説 当該パラグラフに“They (= women) are radically impatient for change.”と述べられていることから，正解はBとなる。

第3パラグラフから言えるのは次のどれか。
A. 女性は男性以上に気候変動を懸念している。
B. 女性は男女平等を待ちあぐねている。
C. 多くの人にとって生活様式を変えるのは難しい。
D. 平等な世界をつくることは全ての人の責務である。

74. 解答：C

解説 当該パラグラフに“And more girls are in school than ever before, with more women in tertiary education than men globally.”と述べられていることから，正解はCとなる。

第4パラグラフで述べられているのは次のどれか。
A. 妊産婦死亡の大半は防ぐことができる。
B. 女性差別は多くの地域に残っている。
C. 世界各地の高等教育において女性が男性に数で勝っている。
D. 学校の学習成果の観点から言うと女子が男子よりも優れている。

75. 解答：A

解説 当該パラグラフに“Challenges remain for all countries.”と述べられているように，gender equalityのためのchallengesがまだ終わっていないことを示唆している。したがって，正解はAとなる。

第5パラグラフに述べられているのは次のどれか。
A. 男女平等の戦いはまだ終わっていない。
B. 女性の権利に関する進展はこの10年停滞している。
C. 女性や少女が直面する課題に目をつぶっている国が多い。

D. 誰もが自分の能力を最大限に発揮する機会を与えられてしかるべきである。

76. 解答：B

解説 当該パラグラフで “one in 10 young women today are still unable to read and write. This has to change ～” と述べられていることから，正解は B となる。

第 6 パラグラフで述べられているのは次のどれか。
A. 読み書きできない人の 3 分の 2 は女性である。
B. 若い女性の識字率向上が必要である。
C. 現在，科学を学ぶ女性の比率は低い。
D. AI のような最新技術は大いに期待できる。

77. 解答：B

解説 当該パラグラフに “and a few States have gender-balanced cabinets ～” と述べられていることから，gender-balanced cabinets が急激に増加しているとは言えない。したがって，正解は B となる

第 7 パラグラフで述べられていないのは次のどれか。
A. 世界的には大多数の国会議員が男性である。
B. 男女バランスの取れた内閣が急激に増えている。
C. 総じて，公共と民間部門の両方で管理者 4 人に 1 人が女性である。
D. 多くの国が国会の女性代表枠を法律で決めている。

78. 解答：D

解説 当該パラグラフに “We know women’s involvement brings more lasting peace agreements, but women continue to be marginalized.” と述べられていることから，正解は D となる。

第 8 パラグラフで述べられているのは次のどれか。
A. 女性の生活向上にはさらなる基金が必要である。
B. 政治における女性代表者がもっと増えることが望ましい。

C. 男女平等によって我々の社会はより安全で健全になる。
D. 平和構築への女性参加が制限されている。

79. 解答：C

解説 当該パラグラフに "That costs them equal opportunities in education ～" と述べられており，この that は "Women and girls use triple the time and energy of boys and men to look after the household." を指している。したがって，正解は C となる。

第 9 パラグラフで述べられているのは次のどれか。
A. 男性が多くの家事や育児をこなすようになってきている。
B. 高齢者を介護している家族に国はもっと支援すべきである。
C. 学校外の要因によって若い女性の学習機会が狭められている。
D. 女性は職場のさまざまなところで差別を受け続けている。

80. 解答：C

解説 当該パラグラフに "We have growing support from allies and partners who are ready to tackle barriers against gender equality." と述べられていることから，正解は C と言える。

第 10 パラグラフで述べられているのは次のどれか。
A. 男女平等は持続可能な開発に不可欠である。
B. 男女平等の達成が難しいと多くの人は思っている。
C. 男女平等を妨げる障害除去に対する支援が増えている。
D. 男女平等には政治的意思による抜本的変革が必要である。

語句 Generation Equality: 平等を目指す全ての世代　mobilize: 結集する　Beijing Platform for Action: 北京行動綱領　run deep: 根深い　maternal death: 妊婦の死亡　tertiary education: 高等教育　insurmountable 克服できない　make no secret of: (感情などを) 隠さない，明らかにする　stewardship: (資産などの) 管理　unabated: 衰えない　pivotal: 極めて重要な　parliamentarian: 国会議員　explicitly: 明確に　signatory: 調印者　marginalize: 除外する，過小評価する　informal economy: 非公式経済　status quo: 現状，体制

2020年 第2回 解答・解説

訳例　（それぞれの番号は各パラグラフの番号である）

1. 2020年は男女平等にとって大きな1年になります。それは男女平等の恩恵は，女性や少女だけではなく，誰も置き去りにしない平等な世界によって人生が変わる全ての人のためにあるからです。2020年は我々が「平等を目指す全ての世代」と呼ぶキャンペーンの年なのです。市民社会のリーダーシップのもと，女性の権利を実現するために，そして北京行動綱領を推し進めてきた25年間を記念するために私たちは結集しています。
2. 女性の将来を決めるのに女性自身が影響を及ぼすことができるようにしているのです。「平等を目指す全ての世代」が取り組んでいるのは，若い女性や少女を中心としながらも，若い人から高齢者までのさまざまな世代の女性に関わる問題なのです。
3. いまの社会は平等ではなく，女性は憤りを感じ，将来に不安を抱えています。変化を切望しています。それは根深いものであり，何年もかけて蓄積されてきたものなのです。
4. 賞賛すべきプラスの変化もいくつかあります。たとえば，2000年から妊産婦死亡率が38%減少しています。また，131カ国が男女平等を支援し，差別に取り組むために法改正を行っています。25年前，多くの国で女性に対する差別が法律上認められました。現在，4分の3の国で家庭内暴力を認めない法律が整備されています。また，世界的に男性より多くの女性が高等教育機関で学ぶなど，以前より多くの少女が学校に行っています。
5. しかし，改善はしてきていますが，男女平等が実現している国は現在までありません。我々のこれまでの努力がまだ十分ではないのです。全ての国が課題を抱えていますが，その多くは克服できない課題ではありません。
6. 一方，地球保全，一向に衰えない女性に対する暴力，そして教育など重要課題が遅々として進まないことに少女たちは失望感を明らかに示しています。例えば，在籍者数は増えていますが，現時点で若い女性の10人に1人がいまだに読み書きができません。これが変わり，少女がしっかり力をつけ，社会で認められ，そしてテクノロジーおよびイノベーションで重要な役割を果たせるようにならなければなりません。
7. 我々が切望しているもう1つの優先ターゲットは，権力者が集う席に女性が少ないことです。世界の全国会議員の4分の3は男性です。女性の進出に向け法的拘束力のある枠組みの導入が解決策になるのは実証済みです。約80カ国がすでに導入し，うまくいっています。男女数のバランスが取れている内閣やしっかりした男女同権政策を進めている国がいくつかあります。大学卒業生の数は男性よりも女性が多いのに，公的部門だけでなく民間部門でも管理職に就く女性の割合が27%にとどまっており，もっと増える必要があります。これが望ましい方向です。
8. 和平交渉の席における女性の割合にも同じことが言えます。その場の交渉担当者や調印者の大多数は男性なのです。女性が関わることがより恒久的和平協定につながるのですが，女性は除外されています。女性団体や人権擁護活動家は迫害に直面していますが，さらに積極的に活動しようとしています。これにはさらなる安全対策の強化，資金，資源が是が非でも必要なのです。

9. 私の一番の苛立ちは改善されない経済的不平等です。女性や少女は少年や男性の3倍の時間とエネルギーを家事に費やしています。これによって女性は教育，雇用市場，稼ぐ力の面で平等を失うことになっているのです。子育て中の若い女性は，極貧の中で生活する可能性が男性よりも25%高く，それが何百万人もの幼児に影響を及ぼし，母子双方の後の生活にまで続くことになるのです。育児責任での平等をさらに推し進めるのにかなった政策が解決策になります。加盟国は非公式経済の中で職に就いている女性だけでなく家族にも支援すべきなのです。

10. それで，私たちはしびれを切らしていますが，あきらめてはいません。希望を持っています。男女平等に対する障壁に立ち向かおうとしている同調者やパートナーからの支持が高まっています。世代や国を越えて変化を推し進めようとする姿勢がうかがえます。私たちは，自分たちが一体となり，そして現状を打破する機会となる課題を示しているのです。この25年間で学んだ知恵が平等に向けた取り組みを加速するのに何が必要かを教えてくれています。「平等を目指す全ての世代」が私たちの1つの解答です。そして，まさに我々がその世代なのです。

X 以下の質問に対して，80～100語のエッセイを英語で書きなさい。

質問：アジア太平洋地域の平和を促進するために日本は何ができるか。

（語数を記入する必要はありません）

【Essay writing 問題の解答対策】

essay writing の際，introduction，body part，そして conclusion の3パート構成が基本であることは，すでに触れている通りである。

原則として，introduction では質問に対する自分の考えを簡潔に述べ，body part では，その理由，根拠を具体的に示し，そして，conclusion では introduction で述べた考えを再度確認，補強するような展開にしていきたい。

how to write 以上に what to write が大切である。テーマに沿って自分自身の考え・意見を明確に述べることが基本である。説得力のあるエッセーを書くように心がけてほしい。

解答例 Japan can or should have a better understanding of that region, especially of economically and politically weak countries there. We have shown little interest in these countries, which seem to have little clout to us.

To promote peace, Japan should forget this prejudice and try hard to learn more about those countries. Before all else, we should encourage younger generations to be much more interested in those countries. Schools should take a leading role in doing this.

The more interested young people become in those countries, the better understanding they will surely have. This will gradually help promote peace in the region.

構成 ① introduction: 日本はアジア太平洋地域内の経済や政治面でつながりの薄い弱小国に対する関心が低く，かつ理解が不足している。その国々の理解を深めることが平和促進につながるとした。

② body: そのために特に若者にその国々をもっと知ってもらうよう努めることが効果的なのではないか。そしてその担い手になるのが学校（教育）であるとした。

③ conclusion: 若者がその国々のことをよく知り，理解が深まれば，それが徐々にその地域の平和に貢献するようになる。これを結論とした。

2020年B級第2回試験　正解一覧

Ⅰ
1. A　2. B　3. C　4. D　5. D　6. B　7. A　8. C　9. D　10. B

Ⅱ
11. A　12. C　13. A　14. C　15. A　16. C　17. D　18. B　19. D　20. B

Ⅲ
21. B　22. A　23. D　24. A　25.C　26.B　27. B　28. C　29. C　30. D

Ⅳ
31. A　32. D　33. B　34. D　35. D　36. C　37. C　38. B　39. B　40. A

Ⅴ
41. A　42. B　43. D　44. C　45. A

Ⅵ
46. D　47. D　48. C　49. D　50. B

Ⅶ-A
51. D　52. A　53. B　54. A　55. C

Ⅶ-B
56. C　57. B　58. A　59. D　60. B

Ⅷ-A
61. C　62. A　63. D

Ⅷ-B
64. D　65. A　66. B　67. A　68. C　69. C　70. A

Ⅸ
71. D　72. A　73. B　74. C　75. A　76. B　77. B　78. D　79. C　80. C

国連英検実施要項

主　　催｜公益財団法人 日本国際連合協会 国連英検事務局
問い合わせ先｜〒104-0031　東京都中央区京橋 3-12-4 MAOビル 4 階
TEL 03-6228-6831 ／ FAX 03-6228-6832
http://www.kokureneiken.jp/

※最新の情報は国連英検ホームページ http://www.kokureneiken.jp/ で確認すること。

試験日

	1 次試験	2 次試験
第 1 回	毎年 5 月下旬の日曜日	毎年 7 月中旬の日曜日
第 2 回	毎年 10 月下旬の日曜日	毎年 12 月中旬の日曜日

※ 2 次試験は特 A 級・A 級のみ。

試験地

■ 1 次試験…札幌・仙台・長野・さいたま・千葉・東京・神奈川・名古屋・金沢・神戸・京都・大阪・広島・福岡・鹿児島・那覇の予定

■ 2 次試験…特 A 級：東京・大阪
※特 A 級・A 級の併願者の 2 次試験はすべて東京・大阪で行なわれる。
A 級：札幌・仙台・東京・名古屋・大阪・福岡・鹿児島・那覇の予定

受験会場名，所在地は受験票に明示される。受験地の変更はできない。なお，1 次試験を特別会場で受験した受験者の 2 次試験は，最寄りの試験会場となる。
※ただし，会場は毎回変更の可能性がある。

検定料（税込）

特 A 級…12,500 円　A 級…10,000 円　B 級…7,500 円
C 級…4,500 円　D 級…4,000 円　E 級…3,000 円
※一度納入された検定料は返却できない。申し込み後の変更もできない。
※事務局が申込書を検定料の受領後，受付完了。

併願受験検定料（税込）

特 A 級＋A 級＝ 20,000 円　A 級＋B 級＝ 15,000 円
B 級＋C 級＝ 11,000 円　C 級＋D 級＝ 8,000 円
D 級＋E 級＝ 6,000 円
※一度納入された検定料は返却できない。申し込み後の変更もできない。
※事務局が申込書を検定料の受領後，受付完了。

1 次試験の開始時間

A 級　C 級　E 級……午前 10 時 30 分（集合時間午前 10 時）
特 A 級　B 級　D 級……午後 2 時（集合時間午後 1 時 30 分）

試験方法

■ 1 次試験

級	試験方法	試験時間
特A・A	筆記試験のみ	120 分
B	リスニングテスト 筆記試験	120 分
C・D		100 分
E		80 分

■ 2 次試験

※特 A 級・A 級の 1 次試験合格者および 1 次試験免除者が対象。

※面接シートに事前に所要事項を英語で書き込み，外国人面接官などの質問事項に答える。

※ A 級については会場により Skype 等によるオンライン面接になる場合もある。

※面接の内容は試験実施の品質向上と厳正さを担保することを目的に録音（オンラインの場合は録画）される。

合格発表

合格者には合格カードを発行

試験結果は郵送にて通知。

	1 次試験	2 次試験
第 1 回	毎年 6 月下旬	毎年 8 月中旬
第 2 回	毎年 11 月下旬	毎年 1 月中旬

受験申し込み要項

●併願の場合

午前午後で隣接する 2 つの級を同日に受験することができる。併願を希望する場合は「受験申込書」の併願欄に記入して申し込むこと。

● 1 次試験免除

前回または前々回の 1 次試験に合格し，2 次試験に不合格または欠席した場合，申請により 1 次試験が免除され，2 次試験のみ受験できる。申込書の所定欄にその旨を記入し申し込むこと。検定料は同じ。

受験票

申込書と検定料金の受理後，受験地の会場・所在地が記載された受験票が 1 次試験日の 1 週間前までに送付される。届かない場合は，必ず試験日の 3 日前までに国連英検事務局（03-6228-6831〈代表〉）へ問い合わせること。顔写真 1 枚（4 センチ× 3 センチ）を試験日までに用意し受験票に貼り付けておくこと。試験当日は，受験票とともに身分証明書を持参すること。

受験申し込み方法

書店，郵送，インターネット（PC・スマートフォン）で申し込みができる。
詳細は国連英検ホームページ http://www.kokureneiken.jp/ で確認する。

申込受付期間

第 1 回　3 月初旬～ 4 月下旬　※翌日消印有効
第 2 回　8 月上旬～ 9 月下旬　※翌日消印有効

検定料のお支払い方法

電話で申し込む場合	国連英検事務局へ電話・FAXにて申し込みができる。申し込み受付後「コンビニ支払用紙」が郵送される。
郵送で申し込む場合	国連英検事務局に受験申込書を請求する。 ●支払方法：必ず受験者氏名で銀行または郵便局から振り込む。
インターネット (PC・スマートフォン) で申し込む場合	国連英検のホームページから申し込みができる。 (PC・スマートフォン) http://www.kokureneiken.jp/ ●支払方法：クレジットカード支払い，コンビニエンスストア支払い，銀行または郵便局から振り込む。

検定料の各種支払詳細

振込の場合	**●銀行からの振込** 銀行名：　三菱 UFJ 銀行　日本橋支店 口座名：　(公財) 日本国際連合協会　国連英検事務局 口座番号：普通口座 0010400 金額：　該当級の受験料 ※振込手数料は受験者負担。 ※現金・為替は取り扱い不可。 ※いずれも事務局が申込書と検定料の受領を確認後，受付完了。 ※インターネット (PC・スマートフォン) で申し込んだ受験者は，ご依頼人の前に「受付番号」(メールにて通知される) を記入する。
	●郵便局からの払込 郵便局設置の払込書 (青票) にて以下の内容を記入の上，払い込む。 加入者名：(公財) 日本国際連合協会 口座番号：00130-7-24670 金額：　該当級の受験料 ※振込手数料は受験者負担。 ※ご依頼人欄に受験者名，住所，電話番号を必ず記入する。インターネット (PC・スマートフォン) で申し込んだ受験者は，ご依頼人の前に「受付番号」(メールにて通知される) を記入する。 ※払込金受領書は必ず保管する。
クレジットカードの場合	**●インターネット (PC・スマートフォン) からの申し込みのみ可能** 入力フォームにて「クレジットカード払い」を選択し，カード番号，有効期限などを入力する。 ※利用可能クレジットカードは国連英検のホームページで確認のこと。
コンビニエンスストアの場合	●インターネット (PC・スマートフォン) からの申し込みの場合 入力フォームにて「コンビニ払い」を選択すると，払込票が送付される。 ●電話・FAX で申し込みの場合 申し込み受付完了後事務局より「コンビニ支払用紙」が郵送される。 ※全国の主要なコンビニエンスストアにて受験料を支払う。

著者・執筆協力者プロフィール

著　者

手 塚 美 雄（てづか・よしお）
山形大学人文学部講師。東北文教大学講師。国連英検指導検討委員会委員。著書に『国連英検過去問題集 B 級』（三修社）。

執筆協力者

服 部 孝 彦（はっとり・たかひこ）
大妻女子大学・同大学院教授。早稲田大学講師。言語学博士。国連英検統括監修官。著書に『国連英検ベーシック・トライアル』（三修社）など多数。

水 島 孝 司（みずしま・こうじ）
南九州短期大学教授，国連英検指導検討委員会委員，著書に『国連英検 B 級・C 級対策［改訂版］』（共著，三修社），『フェイバリット英和辞典［第 3 版］』（執筆・校正，東京書籍）など多数。

Roger Pattimore（ロジャー・パティモア）
元明治大学講師，元国連英検指導検討委員会委員，論文に “The Case for Teaching Financial Literacy in a CLIL Setting” (LINGUA Special Issue on CLIL 2015)，他。

リスニング問題の音声ダウンロードのご案内

リスニング問題の音声については、PC、スマートフォン等で以下の国連英検ウェブサイトから再生またはダウンロードして下さい。

【音声提供 URL】

http://www.kokureneiken.jp/dist/listening/

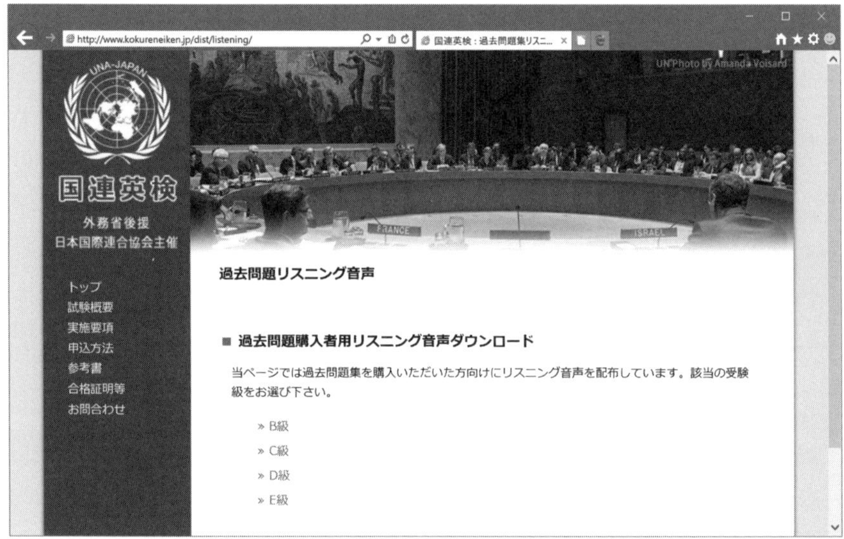

CD をご希望の場合

PC やスマートフォンでの音声データの取り扱いについてよく分からないという方は CD-R をお送りしますので国連英検事務局までご請求下さい。

【連絡先】

公益財団法人 日本国際連合協会 国連英検事務局 宛

TEL 03-6228-6831　FAX 03-6228-6832　URL http://www.kokureneiken.jp/

国連英検過去問題集［B級］〈2019-2020年度実施〉
2021年7月31日　第1刷発行

編　者　公益財団法人　日本国際連合協会
著　者　手塚美雄
執筆協力　服部孝彦　水島孝司　ロジャー・パティモア
発行者　前田俊秀
発行所　株式会社三修社
〒150-0001 東京都渋谷区神宮前2-2-22
TEL 03-3405-4511 FAX 03-3405-4522
振替 00190-9-72758
https://www.sanshusha.co.jp
編集協力／編集工房キャパ
印刷・製本　日経印刷株式会社

ISBN978-4-384-06003-4 C2082